열여섯 시간에 완성하는 중학 영어 단기 특강

열중16강

독해+문법
LEVEL 2

열중 16강

독해+문법 LEVEL 2

지은이	NE능률 영어교육연구소
선임 연구원	김지현
연구원	이지연 허인혜 이희진
영문 교열	Nathaniel Galletta August Niederhaus
디자인	박정진 김연주
내지 일러스트	임미란 박광명 놈스
내지 사진	www.shutterstock.com
맥편집	김선희
영업	한기영 이경구 박인규 정철교 김남준 김남형 이우현
마케팅	박혜선 고유진 남경진 김상민

The best way to predict the future is to create it.

미래를 예측하는 가장 좋은 방법은 미래를 창조하는 것이다.

Peter Drucker

이 책의 목차

Chapter 1 ··· 동사의 이해

UNIT 1 문장의 형식 1 ········· p.6
A. 1형식 : 주어+동사
B. 2형식 : 주어+동사+보어
C. 3형식 : 주어+동사+목적어
D. 4형식 : 주어+동사+간접목적어+직접목적어
Sentence Writing with Grammar
Basic Reading
Actual Reading

UNIT 2 문장의 형식 2 ········· p.12
A. 5형식 : 주어+동사+목적어+목적격보어
B. 사역동사가 쓰인 5형식
C. 지각동사가 쓰인 5형식
Sentence Writing with Grammar
Basic Reading
Actual Reading

UNIT 3 시제 ········· p.18
A. 현재, 과거, 미래시제와 진행시제
B. 현재완료
Sentence Writing with Grammar
Basic Reading
Actual Reading

UNIT 4 수동태 ········· p.24
A. 수동태의 형태
B. 수동태의 시제
C. 수동태의 부정문, 의문문 / 조동사가 있는 수동태
D. 주의해야 할 수동태
Sentence Writing with Grammar
Basic Reading
Actual Reading

UNIT 5 조동사 1 ········· p.30
A. 능력·가능의 의미
B. 허락·부탁의 의미
C. 의무·필요·금지의 의미
Sentence Writing with Grammar
Basic Reading
Actual Reading

UNIT 6 조동사 2 ········· p.36
A. 의무·충고의 의미
B. 추측의 의미
C. 그 외의 조동사
Sentence Writing with Grammar
Basic Reading
Actual Reading

Chapter 2 ··· 준동사

UNIT 1 to부정사 1 ········· p.44
A. 명사적 용법
B. 형용사적 용법
C. 부사적 용법
D. 가주어와 진주어, 의미상 주어
Sentence Writing with Grammar
Basic Reading
Actual Reading

UNIT 2 to부정사 2 ········· p.50
A. to부정사가 목적격보어로 쓰이는 경우
B. 원형부정사가 목적격보어로 쓰이는 경우
C. to부정사를 포함하는 주요 표현
D. 의문사+to부정사
Sentence Writing with Grammar
Basic Reading
Actual Reading

UNIT 3 동명사 p.56
A. 동명사의 역할
B. 동명사와 to부정사
C. 동명사가 쓰인 주요 표현
Sentence Writing with Grammar
Basic Reading
Actual Reading

UNIT 4 분사 p.62
A. 분사의 종류와 의미
B. 분사의 쓰임
C. 분사구문
Sentence Writing with Grammar
Basic Reading
Actual Reading

Chapter 3 ··· 문장의 연결

UNIT 1 관계사 1 p.70
A. 주격 관계대명사 who, which
B. 소유격 관계대명사 whose
C. 목적격 관계대명사 who(m), which
D. 관계대명사 that
Sentence Writing with Grammar
Basic Reading
Actual Reading

UNIT 2 관계사 2 p.76
A. 관계대명사 what
B. 관계대명사의 생략
C. 관계부사
Sentence Writing with Grammar
Basic Reading
Actual Reading

UNIT 3 접속사 p.82
A. 등위 접속사
B. 종속 접속사
C. 주의해야 할 접속사 용법
Sentence Writing with Grammar
Basic Reading
Actual Reading

Chapter 4 ··· 중요구문

UNIT 1 형용사와 부사 p.90
A. 수량 형용사
B. 다양한 형용사 수식
C. 동사+부사
Sentence Writing with Grammar
Basic Reading
Actual Reading

UNIT 2 비교표현 p.96
A. 원급, 비교급, 최상급
B. 비교 구문을 이용한 표현
Sentence Writing with Grammar
Basic Reading
Actual Reading

UNIT 3 대명사 p.102
A. 부정대명사 1
B. 부정대명사 2
C. 재귀대명사
Sentence Writing with Grammar
Basic Reading
Actual Reading

구성과 특징

1
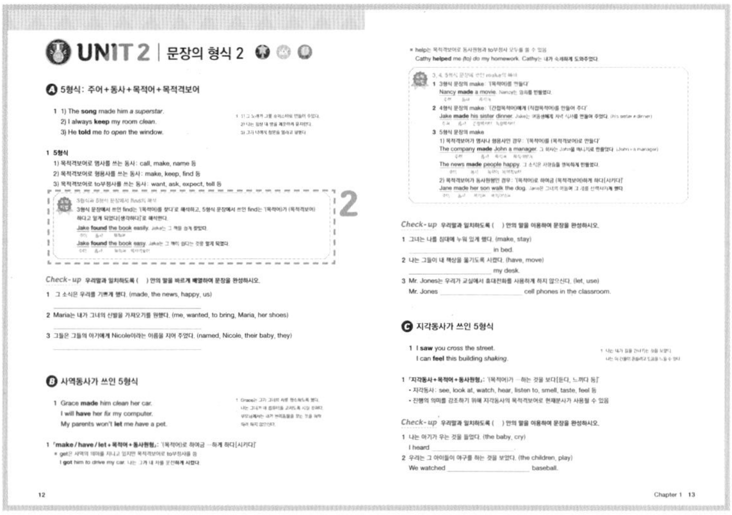

3
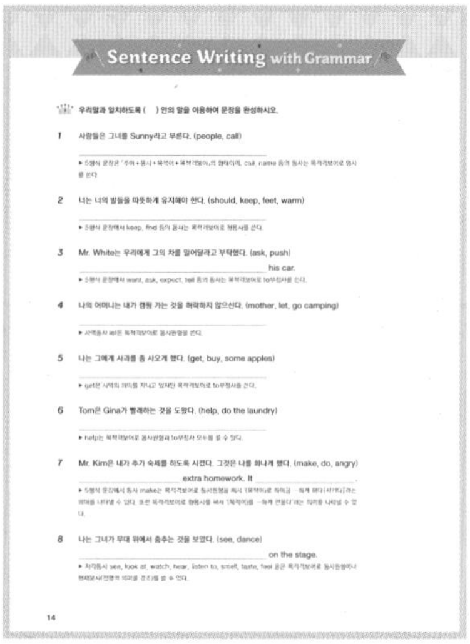

1 문법 설명
중학교 과정에서 배워야 할 핵심 문법을 체계적으로 분석하여 한 눈에 볼 수 있게 정리하였습니다.

2 독해 비법
해당 문법 포인트와 관련하여 독해에 실질적으로 도움이 되는 내용을 학습할 수 있습니다.

3 Sentence Writing with Grammar
학습한 문법을 활용하여 문장을 직접 써 보는 활동을 구성하였습니다.

4
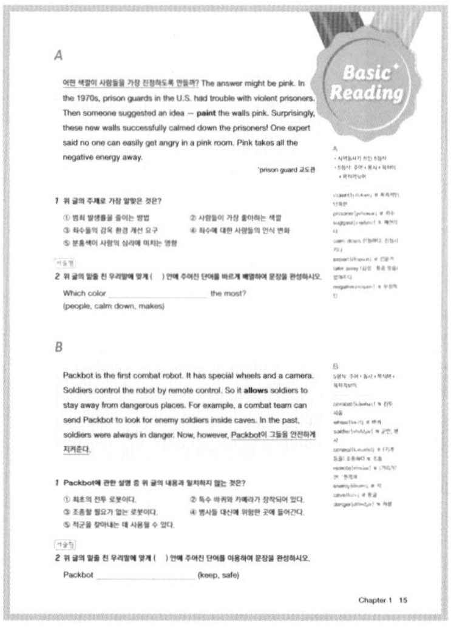

5
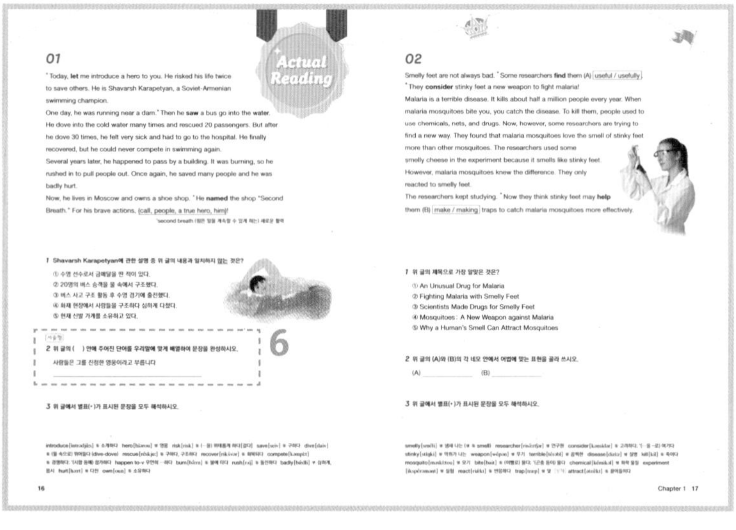

4 Basic Reading
짧고 쉬운 지문을 통해, 학습한 문법을 독해에 적용해 볼 수 있고, 장문 독해에 대비할 수 있습니다.

5 Actual Reading
보다 길고 어려운 지문을 통해, 앞서 배운 문법을 다시 한번 익힐 수 있고, 독해 실력을 한층 더 높일 수 있습니다.

6 서술형 문제
내신 비중이 높은 서술형 주관식 문제로 실전 감각을 기를 수 있습니다.

Special Thanks to 열중16강 독해+문법 개발에 참여해주신 선생님들입니다.

강군필 마포푸른솔학원 **강선** 인천연성중학교 **강은희** 국제어학당 **권이정** M&S사관학원 **김광민** 비전 SnD 학원 **김명희** 스쿨카슨어학원 **김민혜** 상도중학교 **김봉수** SM English 어학원 **김수연** 원당중학교 **김용진** 바른어학원 **김지수** 정상어학원 **김혜영** 에듀원영어학원 **명가은** 명가은어학원 **박혜영** 인천동방중학교 **송선미** 신방학중학교 **신규숙** EM&트로이카학원 **양세일** 양세일영어학원 **양용식** 숭의여자중학교 **오인아** 보스톤어학원 **윤석진** 윤석진어학원 **이정욱** 이은재어학원 **이채민** 정현영어학원 **전성훈** 훈선생영어학원 **정창용** 엑소더스어학원 **주세정** 천호중학교 **최호준** 현대캠프입시학원 **편영우** SCL영어학원 **한나경** 원힐영수전문학원 **한승표** English Expert 영어전문학원

Chapter 1

동사의 이해

Unit 1 문장의 형식 1
Unit 2 문장의 형식 2
Unit 3 시제
Unit 4 수동태
Unit 5 조동사 1
Unit 6 조동사 2

UNIT 1 | 문장의 형식 1

A 1형식: 주어+동사

1 We **live** in Seoul.
The movie **ends** happily.
There **are** many apples on the table.

1 우리는 서울에 산다.
그 영화는 행복하게 끝난다.
탁자 위에 많은 사과들이 있다.

1 1형식

- 주어와 동사만으로 의미가 완전히 성립되는 문장
- 수식어구로 문장의 뜻을 명확하고 자세하게 만들 수 있음
- 1형식 대표 동사: be(…에 있다), go, come, walk, work, live, run, sleep, smile, cry 등

Check-up 다음 문장의 주어와 동사에 밑줄을 그은 후, 각 문장을 해석하시오.

1 They run fast. → ______________________
2 Mike goes to school with us. → ______________________
3 There is a bank near my house. → ______________________

B 2형식: 주어+동사+보어

1 1) My sister **is** very smart.
2) John **became** a scientist.
3) Your voice **sounds** great.

1 1) 내 여동생은 매우 똑똑하다.
2) John은 과학자가 되었다.
3) 네 목소리가 멋있게 들린다.

1 2형식

- 동사만으로 뜻이 완전하지 않아 주어의 성질 및 상태를 보충 설명하는 주격보어가 필요한 문장
- 주격보어로 명사나 형용사를 사용
- 2형식 대표 동사
  1) 상태를 나타내는 동사: be(…이다), keep(…인 채로 있다), remain
  2) 상태의 변화를 나타내는 동사: become, grow, get, turn 등
  3) 감각동사: look, sound, smell, taste, feel 등
     ※ 감각동사+형용사 / 감각동사+like+명사
     Jenny **looks** *pretty*. Jenny는 예뻐 **보인다**. / Jenny **looks** *like a doll*. Jenny는 인형**처럼 보인다**.

Check-up 다음 (   ) 안에서 알맞은 말을 고르고, 각 문장을 해석하시오.

1 Please keep (quiet, quietly). → ______________________
2 This milk smells (bad, badly). → ______________________
3 The fish grew (large, largely). → ______________________

C 3형식: 주어+동사+목적어

1 He **needs** a new cell phone.
Susan **helped** me yesterday.

1 그는 새로운 휴대전화를 필요로 한다.
Susan은 어제 나를 도와주었다.

1 **3형식**
- 동사만으로 뜻이 완전하지 않아 동사가 영향을 미치는 대상인 목적어를 필요로 하는 문장
- 목적어로 명사 또는 대명사가 쓰임

Check-up **다음 문장의 동사와 목적어에 밑줄을 그은 후, 각 문장을 해석하시오.**

1 They ate curry for lunch. → ______________________
2 Kate met us at the bus stop. → ______________________

D 4형식: 주어+동사+간접목적어+직접목적어

1 1) James **gave** her a diamond ring.
(→ James **gave** a diamond ring **to** her.)
2) My mother **bought** me a nice T-shirt.
(→ My mother **bought** a nice T-shirt **for** me.)
3) I **asked** Jake a favor.
(→ I **asked** a favor **of** Jake.)

1 1) James는 그녀에게 다이아몬드 반지를 주었다.
2) 엄마는 나에게 멋있는 티셔츠를 사주셨다.
3) 나는 Jake에게 부탁을 하나 했다.

1 **4형식**
- 간접목적어(…에게)와 직접목적어(…을)를 필요로 하는 수여동사가 쓰인 문장
- 「수여동사+간접목적어+직접목적어」(4형식) → 「수여동사+직접목적어+to/for/of+간접목적어」(3형식)
  1) to를 쓰는 동사: give, show, send, teach, tell, bring, write, lend, pass 등
  2) for를 쓰는 동사: buy, make, get 등
  3) of를 쓰는 동사: ask 등

※ 직접목적어가 대명사인 경우에는 4형식 문장으로 쓰지 않음
He gave it to me. (O) He gave me it. (X)

Check-up **두 문장의 뜻이 같도록 빈칸에 알맞은 말을 쓰시오.**

1 He got me a movie ticket.
→ He got a movie ticket ____________.
2 Mr. Smith is teaching children English.
→ Mr. Smith is teaching English ____________.
3 She brought her friends many doughnuts.
→ She brought many doughnuts ____________.
4 The reporter asked the mayor some questions.
→ The reporter asked some questions ____________.

Sentence Writing with Grammar

우리말과 일치하도록 ( ) 안의 말을 이용하여 문장을 완성하시오.

1 그 음악회는 6시에 시작한다. (the concert, start)

________________________ at six o'clock.

▶ 1형식 문장은 「주어+동사」의 형태이며, 수식어구로 문장의 뜻을 명확하고 자세하게 만들 수 있다.

2 우리는 매일 운동하는 것으로 건강을 유지할 수 있다. (can, keep, healthy)

________________________ by exercising every day.

▶ 2형식 문장은 「주어+동사+보어」의 형태이며, be, keep, remain 등의 동사로 주어의 상태를 나타낼 수 있다.

3 그의 얼굴이 빨갛게 변했다. (face, turn, red)

____

▶ become, grow, get, turn 등의 동사는 2형식 문장에서 주어의 상태 변화를 나타낼 때 쓴다.

4 이 드레스는 비싸 보인다. (dress, look, expensive)

____

▶ look, sound, smell, taste, feel 등의 감각동사가 쓰인 2형식 문장은 주격보어로 형용사를 쓴다.

5 그녀는 저녁 식사용으로 생선을 좀 샀다. (buy, some fish)

________________________ for dinner.

▶ 3형식 문장은 「주어+동사+목적어」의 형태이다.

6 George는 나에게 크리스마스 카드를 보냈다. (send)

________________________ a Christmas card.

▶ 4형식 문장은 「주어+동사+간접목적어+직접목적어」의 형태이다.

7 그녀는 그녀의 아이에게 재미있는 이야기를 말해주었다. (tell, an interesting story)

________________________ her child.

▶ tell 등의 동사가 직접목적어를 먼저 취할 때 간접목적어 앞에 전치사 to를 쓴다.

8 할머니께서는 나에게 조끼를 만들어 주셨다. (Grandma, make, a vest)

________________________ me.

▶ make 등의 동사가 직접목적어를 먼저 취할 때 간접목적어 앞에 전치사 for를 쓴다.

Basic Reading

A

Yesterday **was** Tom's birthday. His parents **wanted** to surprise ① <u>him</u>, so they **planned** a big birthday party. They **bought** a lot of things ② <u>for the party</u>. Tom's mom also **prepared** a variety of dishes. Among them, she **made** a birthday cake ③ <u>for Tom</u>. It **tasted** really ④ <u>well</u>. And they **invited** ⑤ <u>Tom's friends</u> to the party. Thanks to his parents, Tom **had** a wonderful time with his friends.

A
• 2형식: 주어+동사+보어
• 3형식: 주어+동사+목적어

surprise [sərpráiz] 명 놀라움 동 *놀라게 하다
plan [plæn] 동 계획하다
prepare [pripέər] 동 준비하다
a variety of 여러 가지의
invite [inváit] 동 초대하다

1 위 글의 밑줄 친 ①~⑤ 중 어법상 <u>틀린</u> 것은?

① ② ③ ④ ⑤

B

Bollywood **is** the name of the film industry in India. The name **is** a combination of Bombay, the old name of Mumbai, and Hollywood. The movies from Bollywood **are** usually musicals with cheerful songs. <u>They also **show** viewers exciting dancing.</u> These movies **are becoming** popular all over the world because many people in other countries **think** they are great fun.

*Mumbai 뭄바이 (인도의 항구 도시)

B
• 2형식: 주어+동사+보어
• 4형식: 주어+동사+간접목적어+직접목적어
• 3형식: 주어+동사+목적어

film [film] 명 영화
industry [índəstri] 명 산업
combination [kɑ̀mbənéiʃən] 명 조합
cheerful [tʃíərfəl] 형 발랄한, 쾌활한
viewer [vjúːər] 명 시청자; *관객
popular [pɑ́pjulər] 형 인기 있는
other [ʌ́ðər] 형 (그 밖의) 다른

1 Bollywood 영화에 대해 위 글의 내용과 일치하면 T, 그렇지 않으면 F를 쓰시오.

(1) Hollywood에서 만들어진다. ________
(2) 보통 노래와 춤이 들어가 있다. ________
(3) 전 세계에서 인기를 얻고 있다. ________

2 위 글의 밑줄 친 문장과 문장 형식이 같은 것은?

① I love you so much.
② This tree grows fast.
③ The sky turned gray.
④ She gave me an apple.
⑤ We don't have any pencils.

Actual Reading

01

"No eating or drinking inside this car. Except candies." Where can we **find** this sign? It **is** inside Mansoor Khalid's New York City taxi — ________________________! Behind the rear seat, there **is** a huge pile of candy. (A) *And Mr. Khalid **gives** his passengers the candy for free. Why does he **do** this?

*Years ago, when his son **was** in the hospital, Mr. Khalid **brought** coffee to the doctors and nurses. *They **were** always happy when he **got** coffee for them in the middle of the night. *So, he **decided** to **bring** that joy to his taxi.

People **are** always surprised when they **get** in. They often **laugh** and **take** pictures. Mr. Khalid **says** that he **enjoys** his job more when his riders **feel** happy.

1 위 글의 빈칸에 들어갈 말로 가장 알맞은 것은?

① a heaven for foreign tourists
② the only taxi with free coffee
③ a car full of sweet surprises
④ the world's most unique candy store
⑤ the best place to find healthy snacks

서술형

2 위 글의 밑줄 친 (A)를 3형식 문장으로 바꿔 쓰시오.

____

3 위 글에서 별표(*)가 표시된 문장을 모두 해석하시오.

except[iksépt] 전 …을 제외하고 sign[sain] 명 표지판 rear[riər] 형 뒤쪽의 huge[hjuːdʒ] 형 막대한, 거대한 pile[pail] 명 쌓아 놓은 것, 더미 passenger[pǽsəndʒər] 명 승객 for free 공짜로 joy[dʒɔi] 명 기쁨, 즐거움 laugh[læf] 동 웃다 rider[ráidər] 명 (차 등을) 타는 사람 [문제] heaven[hévən] 명 천국 foreign[fɔ́ːrən] 형 외국의 tourist[túərist] 명 관광객 unique[juːníːk] 형 독특한

02

In Sweden, they **have** a special graduation event, "Studenten." Weeks before graduation, students **start** to prepare for it. ① And clothes **are** the most important things to prepare. Boys usually **wear** black suits, and girls usually **wear** white dresses. ② They also **wear** special hats. ★With the hats on their heads, they **look** like sailors.

③ The celebration **starts** just like any other graduation. ④ ★The headmaster **gives** the students diplomas. ★The students **congratulate** each other, and they **throw** their hats into the air. But that **is** not the end. After that, they **run** out onto the street. They **get** on trucks and **parade** through the whole town. They **scream** and **shout** the whole time. There **are** traffic jams and noise all day. ⑤ ★However, people don't **get** angry. They **congratulate** the students.

*diploma 졸업장

1 studenten에 관한 설명 중 위 글의 내용과 일치하지 않는 것은?

① 졸업 몇 주 전부터 준비한다.
② 여학생과 남학생의 의상 색깔이 다르다.
③ 학생들은 특별한 모자를 착용한다.
④ 졸업식 후에 퍼레이드를 펼친다.
⑤ 소음으로 인해 주민들의 불만이 많다.

2 위 글의 밑줄 친 ①~⑤ 중 다음 문장과 문장 형식이 같은 것은?

They worked all day long.

① ② ③ ④ ⑤

3 위 글에서 별표(★)가 표시된 문장을 모두 해석하시오.

graduation [grӕdʒəwéiʃən] 명 졸업, 졸업식 suit [suːt] 명 정장 sailor [séilər] 명 선원 celebration [sèləbréiʃən] 명 기념, 축하; *축하 행사 headmaster [hèdmǽstər] 명 교장 congratulate [kəngrǽtʃəlèit] 동 축하하다 throw [θrou] 동 던지다 air [εər] 명 공기; *공중 parade [pəréid] 동 가두 행진을 하다 whole [houl] 형 전체의 traffic jam 교통 체증 noise [nɔiz] 명 소음

UNIT 2 | 문장의 형식 2

A 5형식: 주어+동사+목적어+목적격보어

1 1) The **song** made him *a superstar*.
2) I always **keep** my room *clean*.
3) He **told** me *to open* the window.

1 1) 그 노래가 그를 슈퍼스타로 만들어 주었다.
2) 나는 항상 내 방을 깨끗하게 유지한다.
3) 그가 나에게 창문을 열라고 말했다.

1 5형식

1) 목적격보어로 명사를 쓰는 동사: call, make, name 등
2) 목적격보어로 형용사를 쓰는 동사: make, keep, find 등
3) 목적격보어로 to부정사를 쓰는 동사: want, ask, expect, tell 등

> 독해 비법
> **3형식과 5형식 문장에서 find의 해석**
> 3형식 문장에서 쓰인 find는 '(목적어)를 찾다'로 해석하고, 5형식 문장에서 쓰인 find는 '(목적어)가 (목적격보어) 하다고 알게 되었다[생각하다]'로 해석한다.
> Jake **found** the book easily. Jake는 그 책을 쉽게 **찾았다**.
> 주어 동사 목적어
> Jake **found** the book easy. Jake는 그 책이 쉽다는 것을 **알게 되었다**.
> 주어 동사 목적어 목적격보어

Check-up 우리말과 일치하도록 ( ) 안의 말을 바르게 배열하여 문장을 완성하시오.

1 그 소식은 우리를 기쁘게 했다. (made, the news, happy, us)

____

2 Maria는 내가 그녀의 신발을 가져오기를 원했다. (me, wanted, to bring, Maria, her shoes)

____

3 그들은 그들의 아기에게 Nicole이라는 이름을 지어 주었다. (named, Nicole, their baby, they)

____

B 사역동사가 쓰인 5형식

1 Grace **made** him *clean* her car.
I will **have** her *fix* my computer.
My parents won't **let** me *have* a pet.

1 Grace는 그가 그녀의 차를 청소하도록 했다.
나는 그녀가 내 컴퓨터를 고치도록 시킬 것이다.
부모님께서는 내가 반려동물을 갖는 것을 허락하려 하지 않으신다.

1 **「make/have/let+목적어+동사원형」**: '(목적어)로 하여금 …하게 하다[시키다]'
※ get은 사역의 의미를 지니고 있지만 목적격보어로 to부정사를 씀
I **got** him *to drive* my car. 나는 그**가** 내 차를 운전**하게 시켰다**.

※ help는 목적격보어로 동사원형과 to부정사 모두를 쓸 수 있음
Cathy **helped** me *(to) do* my homework. Cathy는 내**가** 숙제**하게 도와주었다**.

독해 비법 3, 4, 5형식 문장에 쓰인 make의 해석

1 3형식 문장의 make: '(목적어)를 만들다'
Nancy **made** a movie. Nancy는 영화**를 만들었다**.
주어 동사 목적어

2 4형식 문장의 make: '(간접목적어)에게 (직접목적어)를 만들어 주다'
Jake **made** his sister dinner. Jake는 여동생**에게** 저녁 식사**를 만들어 주었다**. (his sister≠dinner)
주어 동사 간접목적어 직접목적어

3 5형식 문장의 make
1) 목적격보어가 명사나 형용사인 경우: '(목적어)를 (목적격보어)로 만들다'
The company **made** John a manager. 그 회사는 John**을** 매니저**로 만들었다**. (John=a manager)
주어 동사 목적어 목적격보어
The news **made** people happy. 그 소식은 사람들**을** 행복**하게 만들었다**.
주어 동사 목적어 목적격보어
2) 목적격보어가 동사원형인 경우: '(목적어)로 하여금 (목적격보어)하게 하다[시키다]'
Jane made her son walk the dog. Jane은 그녀의 아들**이** 그 개를 산책시키**게 했다**.
주어 동사 목적어 목적격보어

Check-up 우리말과 일치하도록 ( ) 안의 말을 이용하여 문장을 완성하시오.

1 그녀는 나를 침대에 누워 있게 했다. (make, stay)
________________ in bed.

2 나는 그들이 내 책상을 옮기도록 시켰다. (have, move)
________________ my desk.

3 Mr. Jones는 우리가 교실에서 휴대전화를 사용하게 하지 않으신다. (let, use)
Mr. Jones ________________ cell phones in the classroom.

C 지각동사가 쓰인 5형식

1 I **saw** you *cross* the street.
I can **feel** this building *shaking*.

1 나는 네가 길을 건너가는 것을 보았다.
나는 이 건물이 흔들리고 있음을 느낄 수 있다.

1 **「지각동사+목적어+동사원형」**: '(목적어)가 …하는 것을 보다[듣다, 느끼다 등]'
• 지각동사: see, look at, watch, hear, listen to, smell, taste, feel 등
• 진행의 의미를 강조하기 위해 지각동사의 목적격보어로 현재분사가 사용될 수 있음

Check-up 우리말과 일치하도록 ( ) 안의 말을 이용하여 문장을 완성하시오.

1 나는 아기가 우는 것을 들었다. (the baby, cry)
I heard ________________.

2 우리는 그 아이들이 야구를 하는 것을 보았다. (the children, play)
We watched ________________ baseball.

Sentence Writing with Grammar

우리말과 일치하도록 (   ) 안의 말을 이용하여 문장을 완성하시오.

1 사람들은 그녀를 Sunny라고 부른다. (people, call)

____

▶ 5형식 문장은 「주어+동사+목적어+목적격보어」의 형태이며, call, name 등의 동사는 목적격보어로 명사를 쓴다.

2 너는 너의 발들을 따뜻하게 유지해야 한다. (should, keep, feet, warm)

____

▶ 5형식 문장에서 keep, find 등의 동사는 목적격보어로 형용사를 쓴다.

3 Mr. White는 우리에게 그의 차를 밀어달라고 부탁했다. (ask, push)

______________________________ his car.

▶ 5형식 문장에서 want, ask, expect, tell 등의 동사는 목적격보어로 to부정사를 쓴다.

4 나의 어머니는 내가 캠핑 가는 것을 허락하지 않으신다. (mother, let, go camping)

____

▶ 사역동사 let은 목적격보어로 동사원형을 쓴다.

5 나는 그에게 사과를 좀 사오게 했다. (get, buy, some apples)

____

▶ get은 사역의 의미를 지니고 있지만 목적격보어로 to부정사를 쓴다.

6 Tom은 Gina가 빨래하는 것을 도왔다. (help, do the laundry)

____

▶ help는 목적격보어로 동사원형과 to부정사 모두를 쓸 수 있다.

7 Mr. Kim은 내가 추가 숙제를 하도록 시켰다. 그것은 나를 화나게 했다. (make, do, angry)

________________ extra homework. It ________________.

▶ 5형식 문장에서 동사 make는 목적격보어로 동사원형을 써서 '(목적어)로 하여금 …하게 하다[시키다]'라는 의미를 나타낼 수 있다. 또한 목적격보어로 형용사를 써서 '(목적어)를 …하게 만들다'라는 의미를 나타낼 수 있다.

8 나는 그녀가 무대 위에서 춤추는 것을 보았다. (see, dance)

______________________________ on the stage.

▶ 지각동사 see, look at, watch, hear, listen to, smell, taste, feel 등은 목적격보어로 동사원형이나 현재분사(진행의 의미를 강조)를 쓸 수 있다.

A

어떤 색깔이 사람들을 가장 진정하도록 만들까? The answer might be pink. In the 1970s, prison guards in the U.S. had trouble with violent prisoners. Then someone suggested an idea — **paint** the walls pink. Surprisingly, these new walls successfully calmed down the prisoners! One expert said no one can easily get angry in a pink room. Pink takes all the negative energy away.

*prison guard 교도관

1 위 글의 주제로 가장 알맞은 것은?

① 범죄 발생률을 줄이는 방법
② 사람들이 가장 좋아하는 색깔
③ 죄수들의 감옥 환경 개선 요구
④ 죄수에 대한 사람들의 인식 변화
⑤ 분홍색이 사람의 심리에 미치는 영향

서술형

2 위 글의 밑줄 친 우리말에 맞게 ( ) 안에 주어진 단어를 바르게 배열하여 문장을 완성하시오.

Which color ______________________ the most?
(people, calm down, makes)

Basic Reading

A
• 사역동사가 쓰인 5형식
• 5형식: 주어+동사+목적어+목적격보어

violent [váiələnt] 형 폭력적인, 난폭한
prisoner [prízənər] 명 죄수
suggest [səgdʒést] 동 제안하다
calm down 진정하다; 진정시키다
expert [ékspəːrt] 명 전문가
take away (감정 · 통증 등을) 없애주다
negative [négətiv] 형 부정적인

B

Packbot is the first combat robot. It has special wheels and a camera. Soldiers control the robot by remote control. So it **allows** soldiers to stay away from dangerous places. For example, a combat team can send Packbot to look for enemy soldiers inside caves. In the past, soldiers were always in danger. Now, however, Packbot이 그들을 안전하게 지켜준다.

1 Packbot에 관한 설명 중 위 글의 내용과 일치하지 않는 것은?

① 최초의 전투 로봇이다.
② 특수 바퀴와 카메라가 장착되어 있다.
③ 조종할 필요가 없는 로봇이다.
④ 병사들 대신에 위험한 곳에 들어간다.
⑤ 적군을 찾아내는 데 사용될 수 있다.

서술형

2 위 글의 밑줄 친 우리말에 맞게 ( ) 안에 주어진 단어를 이용하여 문장을 완성하시오.

Packbot ______________________ (keep, safe)

B
5형식: 주어+동사+목적어+목적격보어

combat [kámbæt] 명 전투, 싸움
wheel [hwiːl] 명 바퀴
soldier [sóuldʒər] 명 군인, 병사
control [kəntróul] 동 (기계 등을) 조종하다 명 조종
remote [rimóut] 형 (거리가) 먼; *원격의
enemy [énəmi] 명 적
cave [keiv] 명 동굴
danger [déindʒər] 명 위험

01

*Today, **let** me introduce a hero to you. He risked his life twice to save others. He is Shavarsh Karapetyan, a Soviet-Armenian swimming champion.

One day, he was running near a dam. *Then he **saw** a bus go into the water. He dove into the cold water many times and rescued 20 passengers. But after he dove 30 times, he felt very sick and had to go to the hospital. He finally recovered, but he could never compete in swimming again.

Several years later, he happened to pass by a building. It was burning, so he rushed in to pull people out. Once again, he saved many people and he was badly hurt.

Now, he lives in Moscow and owns a shoe shop. *He **named** the shop "Second Breath." For his brave actions, (call, people, a true hero, him)!

*second breath (힘든 일을 계속할 수 있게 하는) 새로운 활력

1 Shavarsh Karapetyan에 관한 설명 중 위 글의 내용과 일치하지 않는 것은?

① 수영 선수로서 금메달을 딴 적이 있다.
② 20명의 버스 승객을 물 속에서 구조했다.
③ 버스 사고 구조 활동 후 수영 경기에 출전했다.
④ 화재 현장에서 사람들을 구조하다 심하게 다쳤다.
⑤ 현재 신발 가게를 소유하고 있다.

서술형

2 위 글의 (　) 안에 주어진 단어를 우리말에 맞게 배열하여 문장을 완성하시오.

사람들은 그를 진정한 영웅이라고 부릅니다

____

3 위 글에서 별표(*)가 표시된 문장을 모두 해석하시오.

introduce[ìntrədjúːs] 동 소개하다 hero[híərou] 명 영웅 risk[risk] 동 (…을) 위태롭게 하다[걸다] save[seiv] 동 구하다 dive[daiv] 동 (물 속으로) 뛰어들다 (dive-dove) rescue[réskjuː] 동 구하다, 구조하다 recover[rikʌ́vər] 동 회복되다 compete[kəmpíːt] 동 경쟁하다; *(시합 등에) 참가하다 happen to-v 우연히 …하다 burn[bə́ːrn] 동 불에 타다 rush[rʌʃ] 동 돌진하다 badly[bǽdli] 부 심하게, 몹시 hurt[həːrt] 형 다친 own[oun] 동 소유하다

02

Smelly feet are not always bad. ★Some researchers **find** them (A) [useful / usefully].
★They **consider** stinky feet a new weapon to fight malaria!
Malaria is a terrible disease. It kills about half a million people every year. When malaria mosquitoes bite you, you catch the disease. To kill them, people used to use chemicals, nets, and drugs. Now, however, some researchers are trying to find a new way. They found that malaria mosquitoes love the smell of stinky feet more than other mosquitoes. The researchers used some smelly cheese in the experiment because it smells like stinky feet. However, malaria mosquitoes knew the difference. They only reacted to smelly feet.
The researchers kept studying. ★Now they think stinky feet may **help** them (B) [make / making] traps to catch malaria mosquitoes more effectively.

1 위 글의 제목으로 가장 알맞은 것은?

① An Unusual Drug for Malaria
② Fighting Malaria with Smelly Feet
③ Scientists Made Drugs for Smelly Feet
④ Mosquitoes: A New Weapon against Malaria
⑤ Why a Human's Smell Can Attract Mosquitoes

2 위 글의 (A)와 (B)의 각 네모 안에서 어법에 맞는 표현을 골라 쓰시오.

(A) ______________ (B) ______________

3 위 글에서 별표(★)가 표시된 문장을 모두 해석하시오.

smelly [sméli] ㉱ 냄새 나는 (㉼ ㉠ smell) researcher [risə́ːrtʃər] ㉼ 연구원 consider [kənsídər] ㉠ 고려하다; *(…을 ~로) 여기다 stinky [stíŋki] ㉱ 악취가 나는 weapon [wépən] ㉼ 무기 terrible [térəbl] ㉱ 끔찍한 disease [dizíːz] ㉼ 질병 kill [kil] ㉠ 죽이다 mosquito [məskíːtou] ㉼ 모기 bite [bait] ㉠ (이빨로) 물다; *(곤충 등이) 물다 chemical [kémikəl] ㉼ 화학 물질 experiment [ikspérəmənt] ㉼ 실험 react [riǽkt] ㉠ 반응하다 trap [træp] ㉼ 덫 [문제] attract [ətrǽkt] ㉠ 끌어들이다

UNIT 3 | 시제

A 현재, 과거, 미래시제와 진행시제

1 1) They **are** in the museum now.
2) I **drink** milk every day.
3) The sun **rises** in the east.
2 1) We **met** at the restaurant yesterday.
2) She often **played** tennis after school.
3) Columbus **discovered** America in 1492.
3 1) I **will** do my homework soon.
2) We **are going to** take a test tomorrow.
4 1) They **are watching** TV in the living room.
2) John **was chatting** with his friends then.

1 1) 그들은 지금 박물관에 있다.
2) 나는 매일 우유를 마신다.
3) 태양은 동쪽에서 뜬다.
2 1) 우리는 어제 식당에서 만났다.
2) 그녀는 방과 후에 자주 테니스를 쳤다.
3) 콜럼버스는 1492년에 미국을 발견했다.
3 1) 나는 곧 숙제를 할 것이다.
2) 우리는 내일 시험을 볼 것이다.
4 1) 그들은 거실에서 TV를 보고 있다.
2) John은 그때 친구들과 이야기하고 있었다.

1 현재시제
1) 현재의 사실이나 상태 2) 현재의 습관 3) 불변의 사실

2 과거시제
1) 과거의 사실이나 상태 2) 과거의 습관 3) 과거의 역사적 사실

3 미래시제
1) 「will+동사원형」: 미래에 일어날 막연한 일, 주어의 의지
2) 「be going to+동사원형」: 이미 예정된 계획, 가까운 미래

4 진행시제
1) 현재 진행시제: 「be동사의 현재형(am/are/is)+v-ing」 '(현재) …하고 있다'
2) 과거 진행시제: 「be동사의 과거형(was/were)+v-ing」 '(과거에) …하고 있었다'

독해 비법
현재 진행시제의 해석상 주의점
현재 진행시제가 쓰인 문장은 항상 지금 일어나고 있는 일만을 나타내는 것은 아니다. 가까운 미래의 일이나 최근에 일어나고 있는 일을 나타낼 수도 있으므로, 시간의 부사구나 문맥을 주의 깊게 살펴보아야 한다.
I **am having** dinner with Ryan *this evening*. 나는 *오늘 저녁에* Ryan과 저녁 식사를 **할 것이다**.
I often feel tired, so I **am taking** vitamin C. *나는 자주 피곤해서*, 비타민 C를 **먹고 있다**.

Check-up 우리말과 일치하도록 ( ) 안의 말을 이용하여 문장을 완성하시오.

1 한국에는 사계절이 있다. (be, four seasons) → There ____________ in Korea.
2 그녀는 바로 지금 낮잠을 자고 있다. (take a nap) → She ____________ right now.
3 그는 일 년 전에 이 책을 읽었다. (read, this book) → He ____________ a year ago.
4 나는 내일 일본으로 여행 갈 것이다. (travel, to Japan) → I ____________ tomorrow.

B 현재완료

1 I **have** *just* **finished** reading this book.
2 **Have** you *ever* **visited** Shanghai?
3 Susan **has lived** in Korea *since* 2010.
4 My brother **has lost** his wallet.

1 나는 막 이 책을 다 읽었다.
2 너는 상하이를 방문해 본 적이 있니?
3 Susan은 2010년부터 한국에서 살고 있다.
4 나의 형은 그의 지갑을 잃어 버렸다.

• 「have[has]+과거분사」: 과거의 어느 시점에서 일어난 일이 현재까지 영향을 미치고 있는 상태를 나타냄

※ 부정문: 「have[has]+not+과거분사」 (not대신 never를 쓰면 더 강한 부정의 의미)
I **have not[never] been** abroad. 나는 외국에 **가 본 적이 없다**.
※ 의문문: 「Have[Has]+주어+과거분사 …?」
Have you **seen** a UFO before? 너는 예전에 UFO를 **본 적이 있니**?

1 **완료:** '(지금, 막, 최근) …했다'는 뜻으로, 과거에 한 동작이 조금 전이나 지금 막 완료되었음을 나타냄
• 자주 같이 쓰이는 말: already, just, yet 등
2 **경험:** '(지금까지) …한 적이 있다'는 뜻으로, 과거부터 현재까지의 경험을 나타냄
• 자주 같이 쓰이는 말: before, ever, never, once 등
3 **계속:** '(지금까지) 계속 …해왔다'는 뜻으로, 과거에 시작한 일이 현재까지 계속됨을 나타냄
• 자주 같이 쓰이는 말: since, for 등
4 **결과:** '…해서 (그 결과) 지금 ~하다'는 뜻으로, 과거에 일어난 일의 결과가 현재까지 남아 있음을 나타냄

※ 명확한 과거를 나타내는 부사(yesterday, ago, last night 등)는 현재완료시제와 함께 쓸 수 없음
I **have lost** my notebook *yesterday*. (X)
I **lost** my notebook *yesterday*. (O)

독해 비법
have been to / have just been to / have gone to의 해석
1 have been to: '…에 가본 적이 있다'
She **has been to** London. 그녀는 런던**에 가본 적이 있다**.
2 have just been to: '막 …에 다녀왔다'
She **has just been to** London. 그녀는 **막** 런던**에 다녀왔다**.
3 have gone to는 '…에 가버렸다 (그래서 지금 여기에 없다)'
She **has gone to** London. 그녀는 런던**에 가버렸다**. (그래서 지금 여기에 없다.)

Check-up 우리말과 일치하도록 (   ) 안의 말을 이용하여 문장을 완성하시오.

1 나는 이 영화를 지금까지 두 번 봤다. (watch)
I ____________________ this movie twice so far.
2 그들은 아직 이 창문들을 닦지 않았다. (clean)
They ____________________ these windows yet.
3 우리는 10년 동안 서로를 알아왔다. (know)
We ____________________ each other for 10 years.
4 Amy는 그녀의 숙제를 집에 두고 와버렸다. (leave)
Amy ____________________ her homework at home.

Sentence Writing with Grammar

우리말과 일치하도록 (   ) 안의 말을 이용하여 문장을 완성하시오.

1 Jason은 매일 밤마다 기타를 친다. (play the guitar)

______________________________ every night.

▶ 현재시제는 현재의 사실이나 상태, 현재의 습관, 불변의 사실을 나타낼 때 쓴다.

2 1차 세계대전은 1914년에 발발했다. (World War I, break out)

______________________________ in 1914.

▶ 과거시제는 과거의 사실이나 상태, 과거의 습관, 과거의 역사적 사실을 나타낼 때 쓴다.

3 나는 내년에도 마라톤에서 달릴 것이다. (run, in the marathon)

______________________________ again next year.

▶ will 또는 be going to로 미래에 일어날 일을 나타낼 수 있다.

4 아빠는 어제 오후 3시에 세차를 하고 계셨다. (dad, wash, his car)

______________________________ at 3 p.m. yesterday.

▶ 과거 진행시제는 '…하고 있었다'라는 의미로 「be동사의 과거형+v-ing」의 형태이다.

5 나는 이미 점심 식사를 마쳤다. (already, finish, my lunch)

____

▶ 현재완료로 과거에 한 동작이 조금 전이나 지금 막 완료되었음을 나타낼 수 있다.

6 우리는 전에 Tom을 만난 적이 있다. (meet, before)

____

▶ 현재완료로 과거부터 현재까지의 경험을 나타낼 수 있다.

7 그는 지난달부터 바쁘다. (busy, since, last month)

____

▶ 현재완료로 과거에 시작한 일이 현재까지 계속되고 있음을 나타낼 수 있다.

8 Simon은 미국으로 가버렸다. 그래서 지금 그는 한국에 없다. (go, to the U.S.)

______________________________ So he isn't in Korea now.

▶ 현재완료로 과거에 일어난 일의 결과가 현재까지 남아 있음을 나타낼 수 있다.

A

For thousands of years, people **have eaten** ginger to cure upset stomachs. Now scientists (A) [are studying / studied] ginger's effect on cancer patients. Cancer patients **feel** nauseous after treatments. So scientists **gave** ginger pills to some patients. They **gave** regular medicine to other patients. Surprisingly, the ginger pills **worked** better for nausea than the regular medicine. Ginger **will** soon (B) [be / is] helpful for many cancer patients.

*upset stomach 배탈

1 위 글의 주제로 가장 알맞은 것은?

① 생강 성분의 약의 부작용 ② 약으로 쓰이는 생강의 효능
③ 생강을 먹는 다양한 방법 ④ 암 치료제가 구토를 유발하는 이유
⑤ 새로운 암 치료제 개발의 필요성

2 위 글의 (A), (B) 각 네모 안에서 어법에 맞는 표현을 골라 쓰시오.

(A) ______________ (B) ______________

Basic Reading

A
- 현재완료
- 진행시제
- 현재시제
- 과거시제
- 미래시제

cure [kjuər] 동 낫게 하다
cancer [kǽnsər] 명 암
nauseous [nɔ́ːʃəs] 형 메스꺼운 (명 nausea)
treatment [tríːtmənt] 명 치료, 처치
pill [pil] 명 알약

B

When spring **comes**, everything **begins** to wake up. <u>Many animals in the woods **have been** asleep all winter.</u> Birds **have been** away. Under the snow, the ground **has been** hard. Then, all at once, it **is** spring! The days **begin** to get longer. From the south, the birds **fly** back. Animals **wake** up and **start** to look for food. Trees **grow** new leaves.

1 위 글의 주제로 가장 알맞은 것은?

① 기후의 변화 ② 봄에 오는 철새들 ③ 동물들의 겨울나기
④ 봄에 일어나는 현상 ⑤ 숲 속에서 일어나는 일들

서술형

2 위 글의 밑줄 친 문장을 우리말로 옮기시오.

____

B
- 현재시제
- 현재완료

wood [wud] 명 《*pl.*》 숲
asleep [əslíːp] 형 잠이 든, 자고 있는
all at once 갑자기
south [sauθ] 명 남쪽
grow [grou] 동 자라다; *기르다
leaf [liːf] 명 (나뭇)잎

Actual Reading

01

★**Have** you ever **heard** about the Dickin Medal? It **is** not for great athletes or scientists. It **is** for animals!

During World War II, many animals **helped** the soldiers in the British army. Maria Dickin **made** this special medal in 1943 to honor them.

The first animals to receive the award **were** three pigeons. When airplanes **crashed** in the sea, they **delivered** messages. These pigeons **saved** 11 people's lives in those accidents.

★In recent years, many dogs **have earned** the medal. Some dogs **rescued** people after the 9/11 attacks in the U.S., and other dogs **found** explosives in Iraq and Afghanistan. ★So far, a total of 64 animals **have received** the Dickin Medal.

1 위 글의 제목으로 가장 알맞은 것은?

① How to Rescue Animals
② The First Life-saving Pigeons
③ The Value of the Dickin Medal
④ Animals Are Just like Humans
⑤ The History of the Dickin Medal

2 위 글의 밑줄 친 Have heard와 같은 용법으로 쓰인 것은?

① Tony has lost his textbook.
② She has lived in Paris for five years.
③ We have been to Jeju Island before.
④ I have just finished painting the wall.
⑤ They have stayed with us for a year.

3 위 글에서 별표(★)가 표시된 문장을 모두 해석하시오.

athlete[ǽθliːt] 명 운동선수 British[brítiʃ] 형 영국의 army[ɑ́ːrmi] 명 군대 honor[ɑ́nər] 동 명예를 주다; *상을 주다 receive[risíːv] 동 받다 award[əwɔ́ːrd] 명 상 pigeon[pídʒən] 명 비둘기 crash[kræʃ] 동 충돌하다, 추락하다 deliver[dilívər] 동 배달하다 accident[ǽksidənt] 명 사고 earn[əːrn] 동 (돈을) 벌다; *(어떤 자격이 되어 무엇을) 얻다 attack[ətǽk] 명 공격 explosive[iksplóusiv] 명 폭발물, 폭약

02

In one country, the government ① gives a big gift box to every new mother. Which country **is** it? It **is** Finland! Each box **contains** all the necessary things for a newborn baby — clothes, bed sheets, toys, and more.

This tradition **started** in the 1930s. At that time, many babies in Finland ② died early. To solve this problem, the government **created** the "baby box" program. It **has been** very successful. Today, every Finnish child can have a good start in life.

Over time, the contents of the box ③ have changed. For example, in the 1930s, mothers usually **made** their children's clothes. So, the boxes **contained** fabric. Now, however, the boxes ④ contain ready-made clothes.

It ⑤ was more than 80 years since the program **started**, but the baby boxes **are** still very popular.

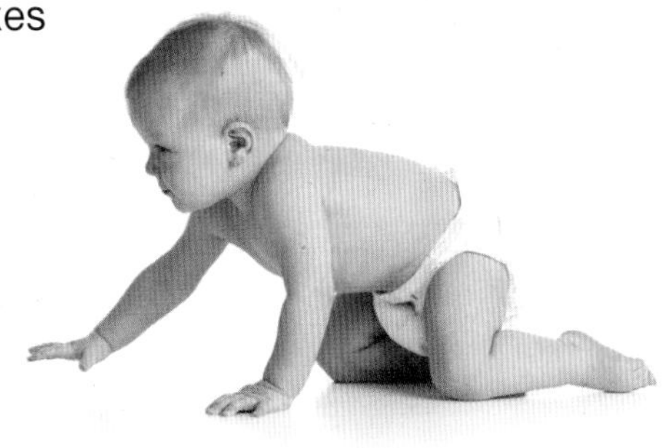

1 위 글의 내용과 일치하지 않는 것은?

① 'baby box'는 아기를 출산한 여성에게 제공된다.
② 'baby box' 프로그램은 1930년대에 시작되었다.
③ 'baby box' 프로그램은 핀란드 정부에 의해 만들어졌다.
④ 시대에 따라 'baby box' 속 내용물이 변해왔다.
⑤ 현재 'baby box' 프로그램은 과거만큼 인기가 높지 않다.

2 두 번째 단락의 밑줄 친 문장에서 추론할 수 있는 것은?

① 핀란드의 출산율은 높다.
② 핀란드는 평등을 중요시한다.
③ 핀란드 가정의 경제적 상황은 좋다.
④ 핀란드의 영아 사망률이 매우 낮아졌다.
⑤ 핀란드의 육아 문제에 정부가 크게 관여한다.

3 위 글의 밑줄 친 ①~⑤ 중 어법상 틀린 것은?

① ② ③ ④ ⑤

government [gʌ́vərnmənt] 명 정부 Finland [fínlənd] 명 핀란드 (형 Finnish) contain [kəntéin] 동 담고 있다, 포함하다 necessary [nésəseri] 형 필요한 newborn [njúːbɔ́ːrn] 형 갓 태어난 tradition [trədíʃən] 명 전통 create [kriéit] 동 창조하다 content [kɑ́ːntent] 명 내용물 fabric [fǽbrik] 명 직물, 천 ready-made [rédiméid] 형 이미 만들어져 나오는, 기성품의

UNIT 4 | 수동태

A 수동태의 형태 주어가 동작의 영향을 받는다는 것을 표현할 때 사용

1 This song **is loved** by teenagers.
2 English **is spoken** in many countries.

1 이 노래는 십 대들에게 사랑 받는다.
2 영어는 많은 나라에서 말해진다.

1 수동태 만드는 법

Teenagers (행위자(주어)) love (동사) this song. (행위의 대상(목적어)) (능동태)

This song (주어) **is loved** (be+과거분사) by teenagers. (by+행위자) (수동태)

2 「by+행위자」의 생략: 행위자가 막연한 일반인이거나 밝힐 필요가 없을 때 혹은 명확하지 않은 경우

※목적어를 취하지 않는 자동사(happen, appear, disappear 등) 혹은 소유나 상태를 나타내는 타동사(have(…을 가지고 있다), resemble 등)는 수동태로 쓸 수 없음

My friend **appeared** on TV. 내 친구는 TV에 나왔다. (My friend was appeared on TV. (X))

Sam **resembles** his father. Sam은 그의 아버지와 닮았다. (Sam is resembled by his father. (X))

Check-up 다음 문장을 수동태로 바꿔 쓰시오.

1 Harry owns this store. → ____________________
2 We make this special wine. → ____________________
3 People hold a film festival in Busan. → ____________________

B 수동태의 시제

1 These cookies **were made** by Joe.
2 The school event **will be canceled**.
3 Our new house **is being built** by my father.

1 이 쿠키들은 Joe에 의해 만들어졌다.
2 그 학교 행사는 취소될 것이다.
3 우리의 새 집이 아버지에 의해 지어지고 있다.

1 **수동태의 과거시제:** 「be동사의 과거형+과거분사(+by+행위자)」
2 **수동태의 미래시제:** 「will be+과거분사(+by+행위자)」
3 **수동태의 진행시제:** 「be동사+being+과거분사(+by+행위자)」

Check-up 다음 문장을 수동태로 바꿔 쓰시오.

1 Jane wrote this book. → ____________________
2 Tom is repairing the fence. → ____________________
3 I will do this work tomorrow. → ____________________

C 수동태의 부정문, 의문문 / 조동사가 있는 수동태

1 This room **is not used** by anyone.
2 **Was** Donald **bitten** by a dog yesterday?
3 The project **must be finished** soon.

1 이 방은 어느 누구에 의해서도 사용되지 않는다.
2 Donald는 어제 개에게 물렸니?
3 그 프로젝트는 곧 완성되어야만 한다.

1 **부정문:** 「be동사+not+과거분사(+by+행위자)」
2 **의문문:** 「be동사+주어+과거분사(+by+행위자) …?」
3 **조동사의 수동태:** 「조동사+be+과거분사(+by+행위자)」

Check-up 다음 밑줄 친 부분을 어법에 맞게 고치시오.

1 Is this grocery store ran by Mr. Kim?
2 My friends will invite to my wedding.
3 The *Mona Lisa* was painted not by Donatello.

D 주의해야 할 수동태

1 My cat **was taken care of by** Jerry.
2 The table **is covered with** dust.

1 내 고양이는 Jerry에 의해 보살핌을 받았다.
2 그 탁자가 먼지로 덮여 있다.

1 **동사구의 수동태:** 「동사+전치사」 또는 「동사+부사」 등의 동사구를 한 단어처럼 취급
※여러 가지 동사구

look up to '…을 존경하다'	look after '…을 돌보다'	laugh at '…을 비웃다'	bring up '…을 키우다'
look down on '…을 경멸하다'	take care of '…을 돌보다'	put off '…을 연기하다'	run over '(차가) …을 치다'

2 **by 이외의 전치사를 사용하는 수동태**

be interested in '…에 관심이 있다'	be surprised at '…에 놀라다'	be satisfied with '…에 만족하다'
be filled with '…로 가득 차다'	be covered with '…로 덮이다'	be made of[from] '…로 만들어지다'

독해 비법
know가 쓰인 수동태 문장의 다양한 해석
You **are known to** everyone. 당신은 모두**에게 알려져 있다**. (알려지는 대상)
He **is known as** a famous author. 그는 유명한 작가**로서 알려져 있다**. (자격)
This hotel **is known for** its good service. 이 호텔은 좋은 서비스**로 알려져 있다**. (알려진 이유)

Check-up 우리말과 일치하도록 ( ) 안의 말을 이용하여 문장을 완성하시오.

1 그 방은 사람들로 가득 찼다. (the room, fill)
______________________ people.
2 나는 새로운 차들에 관심이 있다. (interest)
______________________ new cars.
3 Ann은 할머니에 의해 돌보아졌다. (look after)
______________________ her grandmother.

Sentence Writing with Grammar

우리말과 일치하도록 (   ) 안의 말을 이용하여 문장을 완성하시오.

1 에펠탑은 많은 사람들에 의해 방문된다. (the Eiffel Tower, visit, many people)

____

▶ 수동태는 「be동사+과거분사(+by+행위자)」의 형태이다.

2 그 비밀번호는 나에 의해 변경되었다. (the password, change)

____

▶ 과거시제의 수동태는 「be동사의 과거형+과거분사(+by+행위자)」로 쓴다.

3 저녁 식사가 지금 준비되고 있는 중이다. 그것은 한 시간 안에 제공될 것이다. (prepare, will, serve)

Dinner ______________ now. It ______________ in one hour.

▶ 진행시제의 수동태는 「be동사+being+과거분사(+by+행위자)」, 미래시제의 수동태는 「will be+과거분사(+by+행위자)」로 쓴다.

4 그 시장은 모든 사람들에 의해 존경받지는 않는다. (the mayor, respect, everyone)

____

▶ 수동태의 부정문은 「be동사+not+과거분사(+by+행위자)」로 쓴다.

5 이 꽃들은 학생들에 의해서 길러진 것이니? (these flowers, grow, students)

____

▶ 수동태의 의문문은 「be동사+주어+과거분사(+by+행위자) …?」로 쓴다.

6 이 규칙은 모든 사람들에 의해 반드시 지켜져야 한다. (this rule, must, obey, everyone)

____

▶ 조동사가 있는 수동태는 「조동사+be+과거분사(+by+행위자)」로 쓴다.

7 그의 그림은 그의 친구들에 의해 비웃음을 받았다. (painting, laugh at)

____

▶ laugh at은 '…을 비웃다'라는 의미의 동사구로, 동사구가 있는 문장을 수동태를 바꿀 때 동사구를 한 단어처럼 취급한다.

8 Diana는 그녀의 성적에 만족하니? (satisfy, grade)

____

▶ be satisfied with는 '…에 만족하다'라는 의미로, 전치사 by가 아닌 with를 사용하는 수동태이다.

A

The magazine *Reader's Digest* ① was founded in 1922. It ② loved by many people because it ③ has a variety of interesting stories about real life. It **is** also **well known for** its small size. It is only half the size of most magazines. Today people in many countries ④ enjoy reading this magazine. It ⑤ is published in 21 languages and 49 editions.

*edition (간행물의) 판(版)

1 위 글에서 Reader's Digest에 관해 언급되지 않은 것은?

① 최초 설립연도 ② 다루는 내용 ③ 크기
④ 가격 ⑤ 발행되는 언어 수

2 위 글의 밑줄 친 ①~⑤ 중 어법상 틀린 것은?

① ② ③ ④ ⑤

A
- 수동태의 형태
- 수동태의 시제
- by 이외의 전치사를 사용하는 수동태

found [faund] 동 설립하다
a variety of 여러 가지의
well known [wélnoun] 형 유명한
half [hæf] 명 반, 절반
publish [pʌbliʃ] 동 출판하다, 발행하다
language [lǽŋgwidʒ] 명 언어

B

Chopsticks (A) invented / were invented in China around 3000 B.C. At that time, people used large pots when they cooked. The pots took time to cool after the food (B) made / was made. But people didn't want to wait. With a pair of sticks, they picked out the food from the hot pot. Soon, many Chinese people started using chopsticks. By 400 B.C., people (C) could find / could be found chopsticks everywhere in China.

1 위 글의 (A), (B), (C) 각 네모 안에서 어법에 맞는 표현이 바르게 짝지어진 것은?

	(A)	(B)	(C)
①	invented	– made	– could find
②	invented	– was made	– could find
③	were invented	– made	– could be find
④	were invented	– was made	– could find
⑤	were invented	– was made	– could be found

B
- 수동태의 형태
- 수동태의 시제
- 조동사가 있는 수동태

chopstick [tʃɑ́pstik] 명 《*pl.*》 젓가락
invent [invént] 동 발명하다
pot [pɑt] 명 냄비, 솥
cool [ku:l] 형 시원한 동 *식히다
stick [stik] 명 막대

01

The igloo is the traditional Inuit home. *Igloos **are made of** ice, and they **are built** in the wintertime. To make igloos, the Inuits cut out large blocks of ice. They make a dome of the blocks. There are not any windows in igloos, only a low doorway. *They **are made of** ice, but they are very warm inside. When (ice and snow, with, is, the outside, covered), the temperature inside remains 0 °C. This is because snow and ice work as insulators. They keep warm air inside and prevent cold air from coming inside. Also, the wind can make people feel colder, but the snow walls block it.

*Inuit 이뉴잇 족(북미에서 그린란드에 걸쳐사는 종족)
*insulator 절연체

1 Igloo에 관한 설명 중 위 글의 내용과 일치하지 않는 것은?

① 이뉴잇 족의 전통가옥이다.
② 겨울철에 만들어진다.
③ 창문이 있다.
④ 출입구가 낮다.
⑤ 내부가 따뜻하게 유지된다.

서술형

2 위 글의 (　) 안에 주어진 단어를 바르게 배열하여 문장을 완성하시오.

____

3 위 글에서 별표(*)가 표시된 문장을 모두 해석하시오.

traditional [trədíʃənl] (형) 전통적인 wintertime [wíntərtàim] (명) 겨울철 block [blak] (명) 사각형 덩어리 (동) 차단하다 dome [doum] (명) 돔, 반구형 지붕 low [lou] (형) 낮은 doorway [dɔ́ːrwèi] (명) 출입구 inside [ìnsáid] (부) 안[내부]에 temperature [témpərətʃər] (명) 온도, 기온 prevent [privént] (동) 막다

02

Do you know the word "microclimate"? Maybe you are familiar with the word "climate," but "microclimate" might be new to you. "Climate" is the weather of a large area. People say, for example, that Korea generally has a mild climate. On the other hand, a microclimate is the climate of a small area. *For example, many different microclimates **can be found** in different parts of the same forest. *A microclimate **is influenced** by many factors. The factors can be a variety of things, such as plants, rivers, and tall buildings. Microclimates are different even if they are a short distance apart. For this reason, one part of a town might be rainy, but another part might be sunny.

*microclimate 소기후

1 위 글의 제목으로 가장 적절한 것은?

① Rapid Climate Changes
② General Climates in Korea
③ A Term for "Local Climate"
④ Different Weather Conditions Around the World
⑤ The Relationship between Climate Change and Weather

2 다음 중 microclimate의 개념으로 볼 수 있는 것은?

① 뉴욕에는 사계절이 있다.
② 남산과 여의도의 기후는 다르다.
③ 필리핀은 아열대성 기후에 속한다.
④ 한국의 10월은 일교차가 가장 큰 달이다.
⑤ 12월에 도쿄는 겨울이지만 시드니는 여름이다.

3 위 글에서 별표(*)가 표시된 문장을 모두 해석하시오.

familiar[fəmíljər] 형 익숙한 climate[kláimit] 명 기후 weather[wéðər] 명 날씨 area[ɛ́əriə] 명 지역 generally[dʒénərəli] 부 일반적으로 mild[maild] 형 온화한 forest[fɔ́:rist] 명 숲 influence[ínfluəns] 동 영향을 끼치다 factor[fǽktər] 명 요인, 인자 plant[plænt] 명 식물 distance[dístəns] 명 거리 apart[əpɑ́:rt] 부 (공간·시간적으로) 떨어져 [문제] term[tə:rm] 명 용어, 말 local [lóukəl] 형 지역의 condition[kəndíʃən] 명 상태 relationship[riléiʃənʃip] 명 관계

UNIT 5 | 조동사 1

A 능력·가능의 의미

1 Rosy **can [is able to]** speak three languages.
He **cannot [is not able to]** play guitar very well.

1 Rosy는 3개 국어를 말할 수 있다.
그는 기타를 매우 잘 치지는 못한다.

1 **can**: '…할 수 있다' (=be able to)
※ can[be able to]의 현재, 과거, 미래

현재	'…할 수 있다' can / am[are, is] able to	'…할 수 없다' cannot / am[are, is] not able to
과거	'…할 수 있었다' could / was[were] able to	'…할 수 없었다' could not / was[were] not able to
미래	'…할 수 있을 것이다' will be able to (*cf.* will can (X))	'…할 수 없을 것이다' will not be able to

They **could [were able to]** go home early yesterday. 그들은 어제 집에 일찍 **갈 수 있었다.**
I **could not [was not able to]** swim when I was six. 여섯 살 때 나는 수영을 **할 수 없었다.**
He **will be able to** catch the last train. 그는 마지막 기차를 잡**을 수 있을 것이다.**
They **will not be able to** attend this meeting. 그들은 이 회의에 참석**할 수 없을 것이다.**

Check-up 우리말과 일치하도록 (　) 안의 말을 이용하여 문장을 완성하시오.

1 너는 자전거를 탈 수 있니? (ride a bike)
____

2 그들은 작년에 런던을 방문할 수 없었다. (visit London)
______________________________ last year.

3 Tommy는 내일 축구 경기에서 뛸 수 있을 것이다. (play)
______________________________ in the soccer game tomorrow.

B 허락·부탁의 의미

1 You **can** join our club.
May I use your umbrella?
2 **Can [Will]** you keep my seat?
Could [Would] you help me?

1 너는 우리 동아리에 들어도 좋다.
제가 당신의 우산을 써도 될까요?
2 내 자리를 좀 맡아 줄래?
저를 도와주시겠습니까?

1 **can, may**: '…해도 좋다' (may는 can보다 정중한 표현)
2 **can, will**: '…해 줄래?', '…해 주시겠습니까?' (could 또는 would를 쓰면 더 공손한 표현)

Check-up 우리말과 일치하도록 ( ) 안의 말을 바르게 배열하여 문장을 완성하시오.

1 문을 닫아 주시겠습니까? (the door, would, close, you)

_______________________________________?

2 너는 지금 사무실을 나가도 좋다. (may, the office, leave, you)

_______________________________________ now.

3 내가 네 공책을 빌려도 될까? (I, notebook, borrow, your, can)

_______________________________________?

C 의무·필요·금지의 의미

1 You **must** have a health checkup this year.
You **must not** eat anything in class.

2 I **have to** practice the violin every day.
We **don't have to** go to school tomorrow.

1 너는 올해 건강 검진을 받아야 한다.
너는 수업 중에 어떤 것도 먹어서는 안 된다.

2 나는 매일 바이올린을 연습해야 한다.
우리는 내일 학교에 갈 필요가 없다.

1 **must**: '…해야 한다'
• 부정: must not '…해서는 안 된다'

2 **have to**: '…해야 한다'
• 부정: don't have to '…할 필요가 없다' (=don't need to [need not])
We **don't need to [need not]** go to school tomorrow.

※ have to의 현재, 과거, 미래

현재	'…해야 한다' must / have to	'…할 필요가 없다' don't have to / don't need to / need not
과거	'…해야 했다' had to	'…할 필요가 없었다' didn't have to / didn't need to
미래	'…해야 할 것이다' will have to	'…할 필요가 없을 것이다' will not [won't] have to / will not [won't] need to

They **had to** do their homework last Sunday. 그들은 지난 일요일에 숙제를 **해야 했다**.
I **didn't have [need] to** work yesterday. 나는 어제 일**할 필요가 없었다**.
She **will have to** help her mom after the party. 그녀는 파티 후에 엄마를 도와드려**야 할 것이다**.
We **will not have [need] to** change our schedule. 우리는 일정을 바꿀 **필요가 없을 것이다**.

Check-up 다음 문장을 우리말로 해석하시오.

1 We must reschedule the meeting.

____

2 I had to go to the dentist yesterday.

____

3 You must not take pictures in this museum.

____

Sentence Writing with Grammar

우리말과 일치하도록 (   ) 안의 말을 이용하여 문장을 완성하시오.

1 Tom은 운전을 할 수 있다. (drive a car)

____

▶ can 또는 be able to로 '…할 수 있다'라는 능력 및 가능의 의미를 나타낼 수 있다.

2 그녀는 아파서 학교에 갈 수 없었다. (go to school)

She was sick, so she ______________________________.

▶ could not 또는 was[were] not able to로 '…할 수 없었다'라는 의미를 나타낼 수 있다.

3 나는 내일 퇴원할 수 있을 것이다. (will, leave the hospital)

______________________________ tomorrow.

▶ will be able to로 '…할 수 있을 것이다'라는 의미를 나타낼 수 있다.

4 제가 잠시 당신과 이야기를 나눠도 될까요? (have a word)

______________________________ with you?

▶ can 또는 may로 '…해도 좋다'라는 허락의 의미를 나타낼 수 있다.

5 부탁 좀 들어주시겠습니까? (do me a favor)

____

▶ can 또는 will로 '…해 줄래?', '…해 주시겠습니까?'라는 부탁의 의미를 나타낼 수 있다. could 또는 would를 쓰면 더욱 공손한 표현이 된다.

6 이 학교에서 학생들은 교복을 입어야 한다. (wear uniforms)

______________________________ at this school.

▶ must 또는 have to로 '…해야 한다'라는 의무의 의미를 나타낼 수 있다.

7 아이들은 불장난을 해서는 안 된다. (child, play with fire)

____

▶ must not으로 '…해서는 안 된다'라는 금지의 의미를 나타낼 수 있다.

8 나는 어제 빨래를 해야 했다. 하지만 오늘은 그것을 할 필요가 없다. (do, the laundry)

____________________ yesterday. However, ____________________ it today.

▶ had to로 '…해야 했다'라는 의미를 나타낼 수 있으며, don't have to[don't need to / need not]로 '…할 필요가 없다'라는 의미를 나타낼 수 있다.

Basic Reading

A

Do you want to succeed in life? I believe confidence ____(A)____ help you do so. If you lack confidence, you don't think you **are able to** do things. You think you might fail so you don't try. On the other hand, confident people believe they ____(B)____ do anything. They take risks. They sometimes fail, but they never give up. They try again!

A
능력·가능의 의미

succeed [səksíːd] 동 성공하다
confidence [kάnfidəns] 명 자신감 (형 confident)
lack [læk] 동 …이 없다[부족하다]
fail [feil] 동 실패하다
try [trai] 동 실제로 해보다, 도전해 보다
take a risk 위험을 무릅쓰다
give up 포기하다

1 위 글의 빈칸 (A)와 (B)에 공통으로 들어갈 말로 가장 알맞은 것은?

① can ② must ③ should ④ must not ⑤ don't have to

B

James : Mrs. Lee, **may** I leave early today?
Mrs. Lee : Why? 너는 이번에는 정직해야 한다.
James : Sure. I hurt my foot, so I need to see a doctor.
Mrs. Lee : Oh, no. **Can** you go alone?
James : Sure. I brought my bicycle.
Mrs. Lee : Bicycle? Didn't you say that you hurt your foot?
James : Did I? No! I hurt my back!
Mrs. Lee : James, go back to the classroom right now.

B
• 허락·부탁의 의미
• 의무·필요·금지의 의미
• 능력·가능의 의미

hurt [həːrt] 동 다치게 하다 (hurt-hurt-hurt)
alone [əlóun] 부 혼자
bring [briŋ] 동 가져오다 (bring-brought-brought)
back [bæk] 명 (사람의) 등

1 위 글의 밑줄 친 부분에서 추론할 수 있는 것은?

① 선생님은 James를 좋아하지 않는다.
② 선생님은 James의 말을 믿지 않는다.
③ 선생님은 James의 발 상태를 걱정하고 있다.
④ 선생님은 James가 수업에 늦지 않기를 바란다.
⑤ 선생님은 학생들이 조퇴하는 것을 달갑게 생각하지 않는다.

서술형

2 위 글의 밑줄 친 우리말에 맞게 ( ) 안에 주어진 단어를 이용하여 문장을 완성하시오.

You ______________ honest this time. (have, be)

Actual Reading

01

It is vacation time. What do you want to do? You may want to travel. But you ① <u>may</u> also want to stay home. If you do so, we call it a "staycation." This word is a combination of "stay" and "vacation." Actually, many people are choosing to have a staycation for several reasons.

For one thing, you ② <u>can</u> save money. If you stay home, you ③ <u>don't have to</u> pay for things like hotels or flights.

Also, you ④ <u>cannot</u> make any plans. Planning a vacation may be stressful. Staying at home requires no planning at all.

*But the best reason is that you **can** rest. You ⑤ <u>will</u> probably be tired when you return from your trip. You may need a vacation after your vacation.

*If you have trouble finding enough money, time, and energy for a vacation, a staycation **can** be the best answer.

1 위 글의 제목으로 가장 알맞은 것은?

① What a Staycation Is
② How to Enjoy Your Vacation
③ Good Places for Staycation
④ Why People Have Staycation
⑤ The Best Time for a Staycation

2 위 글의 밑줄 친 부분 중 문맥상 자연스럽지 <u>않은</u> 것은?

① ② ③ ④ ⑤

3 위 글에서 별표(*)가 표시된 문장을 모두 해석하시오.

vacation [vəkéiʃən] 명 방학, 휴가 combination [kàmbənéiʃən] 명 조합, 결합 choose [tʃu:z] 동 선택하다, 고르다 several [sévərəl] 형 몇몇의 reason [rí:zn] 명 이유 pay [pei] 동 지불하다 flight [flait] 명 비행; *항공편 plan [plæn] 명 계획 동 계획하다 stressful [strésfəl] 형 스트레스가 많은 require [rikwáiər] 동 필요로 하다 rest [rest] 동 쉬다 probably [prábəbli] 부 아마 return [ritə́:rn] 동 돌아오다, 돌아가다

02

Do you often stay up late? Be careful! You **can** build up too much "sleep debt." If you sleep six hours but your body needs eight, you "borrow" two hours of sleep from your body. If you do that every night of the year, you borrow a month of sleep!

Over time, sleep debt affects your ability to focus. *You **can** make more mistakes or have more accidents. ① It also affects your emotions. ② You **can** feel annoyed, angry, or depressed more often. ③ Naps are good, but you **must not** take them too late in the day. ④ Otherwise, you **can** have trouble falling asleep at night. ⑤ *Instead, you **have to** adjust your schedule. Then <u>당신은 충분한 수면을 얻을 수 있을 것이다</u>.

1 글의 흐름으로 보아 주어진 문장이 들어갈 위치로 가장 적절한 곳은?

You must find a way to avoid sleep debt.

① ② ③ ④ ⑤

서술형

2 위 글의 밑줄 친 우리말에 맞게 ( ) 안에 주어진 단어를 이용하여 문장을 완성하시오.

you ______________________ enough sleep (will, able, get)

3 위 글에서 별표(*)가 표시된 문장을 모두 해석하시오.

stay up 자지 않고 깨어있다 build up 쌓아 올리다 debt[det] 명 빚 borrow[bárou] 동 빌리다 affect[əfékt] 동 영향을 미치다 ability[əbíləti] 명 능력 focus[fóukəs] 동 집중하다 accident[ǽksidənt] 명 사고 emotion[imóuʃən] 명 감정, 정서 annoyed[ənɔ́id] 형 짜증이 난 depressed[diprést] 형 우울한 nap[næp] 명 낮잠 otherwise[ʌ́ðərwàiz] 부 그렇지 않으면 have trouble v-ing …하는 데 어려움을 겪다 instead[instéd] 부 대신에 adjust[ədʒʌ́st] 동 조정하다 [문제] avoid[əvɔ́id] 동 막다

UNIT 6 | 조동사 2

A 의무·충고의 의미

1 You **should** focus in class.
We **should not** be late for school.
2 You **had better** have breakfast.
You **had better not** stay up late.

1 너는 수업 중에 집중해야 한다.
우리는 학교에 늦어서는 안 된다.
2 너는 아침을 먹는 게 좋겠다.
너는 늦게까지 깨어 있지 않는 게 좋겠다.

1 **should**: '…해야 한다', '…하는 게 좋다'
※should는 must보다 강제성이 약한 의무나 충고를 나타냄

2 **had better**: '…하는 게 좋겠다'
• 부정형: had better not

Check-up 다음 문장을 우리말로 해석하시오.

1 You should not tell lies.

____

2 You should exercise regularly.

____

3 You had better break your bad habits.

____

4 You had better not eat so much fast food.

____

B 추측의 의미

1 His fancy car **must** be expensive.
2 The rumor **may [might]** be true.
3 That little girl **cannot** be married.

1 그의 멋진 차는 비싼 것임에 틀림없다.
2 그 소문이 사실일지도 모른다.
3 저 어린 소녀가 결혼했을 리가 없다.

1 **must**: '…임에 틀림없다'
2 **may**: '…일지도 모른다' (might는 may보다 불확실한 추측)
3 **cannot [can't]**: '…일 리가 없다'

독해 비법
의문문에서 조동사 **may**의 의미
조동사 may는 허락 혹은 추측의 의미로 사용될 수 있으나, 의문문에서 추측을 나타내는 may는 사용되지 않는다.
의문문에 사용된 may는 보통 허락의 의미로 이해하면 된다.

Check-up 우리말과 일치하도록 빈칸에 알맞은 말을 쓰시오.

1 그녀는 매우 건강해 보인다. 그녀가 아플 리가 없다.
She looks very healthy. She ______________ be ill.

2 그의 유니폼을 보아라. 그는 경찰임에 틀림없다.
Look at his uniform. He ______________ be a policeman.

3 너는 실수를 할지도 모르지만, 최선을 다해야 한다.
You ______________ make mistakes, but you should try your best.

C 그 외의 조동사

1 I **would like to** go skiing this winter.
2 I **would rather** stay home tonight.
3 We **used to** swim in this river.
There **used to** be a big tree in the yard.

1 나는 이번 겨울에 스키를 타러 가고 싶다.
2 나는 오늘밤 차라리 집에 머물겠다.
3 우리는 이 강에서 수영을 하곤 했다.
마당에 큰 나무 한 그루가 있었다.

1 **would like to**: '…하고 싶다'
2 **would rather**: '차라리 …하겠다', '…하는 편이 낫다'
3 **used to**: '…하곤 했다'(과거의 습관), '(전에는) …이었다'(과거의 상태)

> 독해 비법
> **used to가 사용된 구문의 해석**
> used to가 조동사인 경우 외에도, use의 과거분사 형태인 used가 to와 함께 쓰여 다른 의미를 나타내는 경우도 있으므로 해석에 주의해야 한다.
> 1 **be used to v-ing**: '…하는 데 익숙하다'
> John **is used to waking** up early. John은 일찍 **일어나는 데 익숙하다**.
> 2 **be used to-v**: '…하는 데 이용되다'
> This technology **is used to make** cell phones. 이 기술은 휴대전화를 **만드는 데 이용된다**.

Check-up 우리말과 일치하도록 〈보기〉의 조동사와 ( ) 안의 말을 이용하여 문장을 완성하시오.

〈보기〉 would like to	used to	would rather

1 우리는 차라리 택시를 타겠다. (take a taxi)
____

2 이 오래된 지갑은 전에는 빨간색이었다. (old purse, be, red)
____

3 나는 방과 후에 축구를 하곤 했다. (play soccer)
______________________________ after school.

4 너는 점심으로 무엇을 먹고 싶니? (eat)
What ______________________________ for lunch?

Sentence Writing with Grammar

우리말과 일치하도록 (   ) 안의 말을 이용하여 문장을 완성하시오.

1 너는 연세 드신 분에게 자리를 양보해야 한다. (give one's seat)

______________________________ to an elderly person.

▶ should로 '…해야 한다', '…하는 게 좋다'라는 의무 및 충고의 의미를 나타낼 수 있다.

2 너는 그곳에 혼자 가지 않는 게 좋겠다. (go)

______________________________ there alone.

▶ had better 혹은 should로 '…하는 게 좋겠다'라는 충고의 의미를 나타낼 수 있으며, 부정형은 had better[should] not으로 쓴다.

3 그 왕실 가족은 부유함에 틀림없다. (the royal family, be, rich)

____

▶ must로 '…임에 틀림없다'라는 강한 추측의 의미를 나타낼 수 있다.

4 그들은 집에 없을지도 모른다. (be home)

____

▶ '…일지도 모른다'라는 의미는 may로 나타낼 수 있다. may의 과거형 might로 보다 불확실한 추측을 나타낼 수 있다.

5 Susan은 지금 중국에 있다. 저 사람이 Susan일 리가 없다. (person, be)

Susan is in China now. ______________________________

▶ cannot[can't]로 '…일 리가 없다'라는 강한 부정의 추측을 나타낼 수 있다.

6 너는 아이스크림을 먹고 싶니? (would, have, some, ice cream)

____

▶ would like to로 '…하고 싶다'라는 의미를 나타낼 수 있다.

7 나는 요리하고 싶지 않다. 차라리 피자를 시키겠다. (order, pizza)

I don't want to cook. ______________________________

▶ would rather로 '차라리 …하겠다', '…하는 편이 낫다'라는 의미를 나타낼 수 있다.

8 그는 아침마다 조깅을 하러 가곤 했다. (go jogging)

______________________________ in the morning.

▶ used to로 '…하곤 했다'라는 과거의 습관을 나타낼 수 있다.

Basic Reading

A

You **may** think that you ______(A)______ be struck by lightning when inside. However, that is not true. Lightning **might** strike the phone line outside the house and travel inside. If you are holding the phone, the lightning can still shock you. So, in a storm, you ______(B)______ make phone calls. You **should** also turn off all your appliances and electronics.

1 위 글의 빈칸 (A)와 (B)에 들어갈 알맞은 말을 〈보기〉에서 골라 쓰시오.

〈보기〉 cannot	should not	don't have to

(A) ______________ (B) ______________

A
• 추측의 의미
• 의무·충고의 의미

strike [straik] 동 치다 (strike-struck-struck)
lightning [láitniŋ] 명 번개
travel [trǽvəl] 동 여행하다; *이동하다
hold [hould] 동 잡고 있다
shock [ʃak] 동 충격을 주다
appliance [əpláiəns] 명 기기
electronic [ilèktránik] 명 《pl.》 전자 장치

B

Hatchiko Plaza is a very busy square in Tokyo. Its name comes from a dog. Every afternoon 이 개는 그곳에서 자기 주인을 기다리곤 했다. One day the man died. So he couldn't be there. But the dog kept waiting for years. Today, the dog is dead, too. But his name is remembered by everyone in Tokyo.

B
과거의 습관을 나타내는 조동사

square [skwɛər] 명 광장
die [dai] 동 죽다
dead [ded] 형 죽은
remember [rimémbər] 동 기억하다
[문제]
owner [óunər] 명 주인

서술형

1 위 글의 밑줄 친 우리말에 맞게 ( ) 안에 주어진 단어를 이용하여 빈칸을 채우시오.

______________________________ its owner there (wait for)

2 위 글의 주제로 가장 알맞은 것은?

① 개를 훈련시키는 방법
② 반려견 보호의 필요성
③ 개가 충성심이 강한 이유
④ 관광 명소로서의 Hatchiko 광장
⑤ Hatchiko 광장이라는 이름의 유래

Actual Reading

01

An elderly couple were having trouble remembering things. *They went to see a doctor, and he told them that they (A) [may / should] start writing things down. Then, one night, the husband got up from his chair to go to the kitchen. His wife asked, "Will you get me a bowl of vanilla ice cream with chocolate syrup and a cherry on top?" "Sure," he replied. Then his wife said, "*You (B) [cannot / had better] write that down. *You **might** forget it." "No, I can remember that!" he yelled as he went into the kitchen. He returned 20 minutes later and handed his wife a plate of bacon and eggs. She looked at it and shouted angrily, "I can't eat this! You forgot my toast!"

1 위 글의 상황에 나타난 분위기로 가장 알맞은 것은?

① funny ② calm ③ exciting
④ peaceful ⑤ romantic

2 위 글의 (A)와 (B)의 각 네모 안에서 어법에 맞는 표현을 골라 쓰시오.

(A) ____________ (B) ____________

3 위 글에서 별표(*)가 표시된 문장을 모두 해석하시오.

couple [kʌpl] 명 둘; *부부 husband [hʌzbənd] 명 남편 wife [waif] 명 아내 bowl [boul] 명 그릇, 통 syrup [sírəp] 명 시럽 reply [riplái] 동 대답하다 yell [jel] 동 소리치다 hand [hænd] 동 건네주다, 넘겨주다 plate [pleit] 명 접시 [문제] peaceful [pí:sfəl] 형 평화로운 romantic [roumǽntik] 형 로맨틱한, 낭만적인

02

Hi, everyone! My name is Roberto. I live in Venice.

Every year between November and February, the sea levels in Venice rise. The water can cover 70 percent of the city. People call it *acqua alta*. That means "high water."

★You **might** be thinking "That **must** be dangerous!" But you don't have to worry. ① The water rises very slowly and gently. ② And it goes back down after a few hours. ③ High waves make you feel excited when you ride a boat. ④ Also, sirens are turned on to warn people. ⑤ Everyone survives *acqua alta*, and buildings and artworks are fine too.

In addition, some areas have raised walkways. ★So, if you **would like to** walk around during *acqua alta*, you can enjoy the city. ★It **might** even be fun to experience it during your trip!

*Venice 베니스 (이탈리아의 항구 도시)

1 아쿠아 알타(acqua alta)에 관한 설명 중 위 글의 내용과 일치하지 <u>않는</u> 것은?

① 매년 11월에서 2월 사이에 일어난다.
② 해수면이 상승한다.
③ 도시의 70퍼센트가 물에 잠기게 한다.
④ 발생 시 사람들을 위한 보도가 마련된 지역이 있다.
⑤ 발생 시 베니스 관광은 전면 금지된다.

2 위 글의 ①~⑤ 문장 중 글의 흐름과 관계가 <u>없는</u> 것은?

① ② ③ ④ ⑤

3 위 글에서 별표(★)가 표시된 문장을 모두 해석하시오.

sea level 해수면 rise [raiz] 동 (높은 위치 등으로) 오르다 cover [kʌvər] 동 덮다 gently [dʒéntli] 부 부드럽게; *완만하게 wave [weiv] 명 파도 excited [iksáitid] 형 신이 난 siren [sáiərən] 명 사이렌 warn [wɔːrn] 동 경고하다 survive [sərváiv] 동 살아남다, 생존하다 artwork [ɑ́ːrtwə̀ːrk] 명 예술품 raised [reizd] 형 (주변보다) 높은 walkway [wɔ́ːkwèi] 명 통로, 보도 experience [ikspíːəriəns] 동 경험하다, 겪다

Word Review

다음 영어 단어의 우리말 뜻을 적으시오.

1 prepare	______	21 mosquito	______
2 a variety of	______	22 discover	______
3 industry	______	23 award	______
4 except	______	24 deliver	______
5 rear	______	25 government	______
6 passenger	______	26 contain	______
7 graduation	______	27 disappear	______
8 congratulate	______	28 cancel	______
9 violent	______	29 obey	______
10 suggest	______	30 temperature	______
11 calm down	______	31 familiar	______
12 expert	______	32 influence	______
13 combat	______	33 factor	______
14 remote	______	34 relationship	______
15 recover	______	35 require	______
16 compete	______	36 focus	______
17 burn	______	37 accident	______
18 stinky	______	38 emotion	______
19 weapon	______	39 warn	______
20 disease	______	40 survive	______

Chapter 2

준동사

Unit 1 to부정사 1 | **Unit 2** to부정사 2

Unit 3 동명사 | **Unit 4** 분사

UNIT 1 | to부정사 1

A 명사적 용법

1 **To learn** a new skill is difficult.
2 Chloe decided **to marry** Andy.
3 My dream is **to travel** in space.

1 새로운 기술을 배우는 것은 어렵다.
2 Chloe는 Andy와 결혼하기로 결심했다.
3 내 꿈은 우주를 여행하는 것이다.

1 **주어 역할:** '…하는 것은(이)'
2 **목적어 역할:** '…하는 것을', '…하기를'
3 **보어 역할:** '…하는 것(이다)'

Check-up 다음 문장에 쓰인 to부정사의 역할을 적고, 각 문장을 해석하시오.

1 We expect to see you soon. → (　　　　) 역할 / ______________________
2 His plan is to study in Germany. → (　　　　) 역할 / ______________________
3 To walk with you makes me happy. → (　　　　) 역할 / ______________________

B 형용사적 용법

1 She has a lot of clothes **to wash**.

1 그녀는 세탁할 많은 옷을 가지고 있다.

1 **명사 · 대명사 수식:** '…하는', '…할'
※ 「-thing, -one, -body로 끝나는 대명사+형용사+to부정사」
I can't think of *anything nice* **to say**. 나는 **말할** *어떤 멋진 것*도 생각해내지 못하겠다.
※ 「명사+to부정사+전치사」
We want a big house **to live** *in*. 우리는 **살** 큰 집을 원한다.
→ live는 자동사이므로 a big house를 그 목적어로 쓰려면 전치사 in이 반드시 필요
예) paper **to write** *on* (**적을** 종이)　a chair **to sit** *on* (**앉을** 의자)　a friend **to talk** *with* (**이야기할** 친구)

Check-up 다음 (　) 안의 말을 바르게 배열하여 문장을 완성하시오.

1 Did you buy ______________________? (paint, a brush, with, to)
2 I prepared ______________________ you. (to, nice, give, something)

C 부사적 용법

1 I went to England **to meet** my cousin.
2 She hurried, only **to be** late.
3 I am glad **to meet** you again.
4 This country is not safe **to travel** to.
5 He must be a genius **to solve** this question.

1 나는 내 사촌을 만나기 위해 영국으로 갔다.
2 그녀는 서둘렀지만 결국 늦었다.
3 나는 당신을 다시 만나게 되어 기쁘다.
4 이 나라는 여행하기에 안전하지 않다.
5 이 문제를 풀다니 그는 천재임이 틀림없다.

1 **목적:** '…하기 위해서', '…하려고' (= in order to-v)

2 **결과:** '…해서 ~하다', '하지만 결국 …하다'

3 **감정의 원인·이유:** '…해서', '…하니'

4 **형용사 수식:** '…하기에'

5 **판단의 근거:** '…하다니', '…하는 것을 보니'

> **독해 비법** 부사적 용법 중 '목적'과 '결과'의 해석
>
> '목적'을 나타내는 to부정사가 쓰인 문장은 to부정사 부분부터 해석하는 것이 자연스럽다. 하지만 '결과'를 나타내는 to부정사가 쓰인 문장은 보통 to부정사 부분을 나중에 해석하는 것이 자연스럽다.
>
> He studied hard **to pass** the exam. 시험에 **통과하기 위해** 그는 열심히 공부했다.
>
> He studied hard, only **to fail.** 그는 열심히 공부**했지만 결국 실패했다.**

Check-up 다음 문장을 우리말로 해석하시오.

1 She boiled water to make tea. → ____________________

2 This word is hard to remember. → ____________________

3 She grew up to be a famous director. → ____________________

4 Jenny is excited to have her own room. → ____________________

5 He must be foolish to believe that story. → ____________________

D 가주어와 진주어, 의미상 주어

1 **It** isn't easy **to master** a new language.
(← **To master** a new language isn't easy.)

2 1) **It** is impossible *for me* **to get** an A in math.
2) **It** is nice *of him* **to help** poor people.

1 새로운 언어를 완전히 익히는 것은 쉽지 않다.
2 1) 내가 수학에서 A를 받는 것은 불가능하다.
2) 불쌍한 사람들을 도와주다니 그는 친절하다.

1 가주어와 진주어

• to부정사가 주어일 때 가주어 it을 주어 자리에 놓고, 진주어인 to부정사를 뒤에 배치할 수 있음

2 to부정사의 의미상 주어

1) 「for+목적격」: to부정사의 의미상 주어 대부분의 경우

2) 「of+목적격」: 사람의 성격·태도 등을 나타내는 형용사(kind, careful, foolish, silly 등)가 앞에 쓰인 경우

Check-up 우리말과 일치하도록 ( ) 안의 말을 이용하여 문장을 완성하시오.

1 에너지를 절약하는 것은 중요하다. (important, save)
It ____________________ energy.

2 그녀는 학생들을 가르치는 것이 즐겁다. (fun, her, teach)
It ____________________ students.

3 저 거짓말쟁이를 믿다니 너는 정말 어리석다. (silly, you, believe)
It ____________________ that liar.

Sentence Writing with Grammar

우리말과 일치하도록 (   ) 안의 말을 이용하여 문장을 완성하시오.

1 네 습관들을 바꾸는 것은 쉽지 않다. (change, habit)

______________________________ isn't easy.

▶ to부정사가 문장에서 명사처럼 쓰여 '…하는 것은(이)'이라는 의미의 주어 역할을 할 수 있다.

2 Barbara는 이야기를 같이 나눌 누군가가 필요하다. (need, someone, talk, with)

____

▶ to부정사가 형용사처럼 명사나 대명사를 뒤에서 수식할 수 있는데, talk는 자동사이므로 someone을 목적어로 취하기 위해서는 전치사 with가 필요하다.

3 Harry는 책 몇 권을 빌리기 위해 도서관으로 갔다. (go to the library, borrow)

______________________________ some books.

▶ to부정사가 문장에서 부사처럼 쓰여 '…하기 위해서', '…하려고'라는 목적의 의미를 나타낼 수 있다.

4 나의 할아버지께서는 99세까지 사셨다. (grandfather, live, be)

______________________________ 99 years old.

▶ to부정사가 문장에서 부사처럼 쓰여 '…해서 ~하다' 라는 결과의 의미를 나타낼 수 있다.

5 그들은 집으로 돌아오게 되어서 기뻤다. (be, pleased, come back)

______________________________ home.

▶ to부정사구가 문장에서 부사처럼 쓰여 '…해서', '…하니'라는 감정의 원인을 나타낼 수 있다.

6 그의 집은 찾기가 힘들다. (house, be, difficult, find)

____

▶ to부정사구가 문장에서 부사처럼 쓰여 '…하기에'라는 의미로 형용사를 수식할 수 있다.

7 만점을 받다니 그녀는 똑똑함에 틀림없다. (smart, get, a perfect score)

She must be ______________________________.

▶ to부정사구가 문장에서 부사처럼 쓰여 '…하다니', '…하는 것을 보니'라는 판단의 근거를 나타낼 수 있다.

8 그의 공책을 나에게 빌려주다니 Mike는 친절하다. (kind, lend)

It ______________________________ me his notebook.

▶ to부정사가 주어일 때 가주어 it을 주어 자리에 쓰고, 진주어인 to부정사를 뒤에 배치할 수 있다. kind와 같이 사람의 성격·태도 등을 나타내는 형용사가 쓰일 때는 의미상 주어로 「of+목적격」을 쓴다.

A

Tai Shan is one of China's five sacred mountains. Every year, thousands of people visit **to hike** the mountain. It takes one day, and there are many things **to see**, such as a large temple at the top. An old tradition is **to wake** up early **to watch** the sunrise. It is a special experience **to watch** the sun come up from the mountain top.

*sacred 성스러운

1 위 글의 내용과 일치하면 T, 그렇지 않으면 F를 쓰시오.

(1) 매해 수천 명의 사람들이 Tai Shan을 방문한다. ______

(2) Tai Shan을 등반하는 데는 반나절이 소요된다. ______

서술형

2 위 글의 밑줄 친 문장을 우리말로 옮기시오.

____

A
- to부정사의 부사적 용법
- to부정사의 형용사적 용법
- to부정사의 명사적 용법

take [teik] 동 가지고 가다; *(얼마의 시간이) 걸리다
temple [témpl] 명 신전, 사원, 절
tradition [trədíʃən] 명 전통
sunrise [sʌ́nràiz] 명 일출
experience [ikspíəriəns] 명 경험

B

Andrew was walking with his dog. Suddenly, he heard some noise and saw a huge bull. It was running toward them. They began **to run**, but Andrew tripped and fell! The bull was too fast. Andrew가 일어나서 달아나기는 힘들었다. But then, the dog stood in front of him. It barked very loudly, and the bull stopped. Andrew could safely run away.

*trip and fall 걸려 넘어지다

서술형

1 위 글의 밑줄 친 우리말에 맞게 (   ) 안에 주어진 단어를 이용하여 문장을 완성하시오.

It was hard ______________________ and escape. (Andrew, get up)

B
- to부정사의 명사적 용법
- 가주어와 진주어, 의미상 주어

suddenly [sʌ́dnli] 부 갑자기
noise [nɔiz] 명 소음, 소리
bull [bul] 명 황소
toward [tɔːrd] 전 …쪽으로, …을 향하여
bark [baːrk] 명 짖다
run away 달아나다
[문제]
escape [iskéip] 동 달아나다, 탈출하다

Actual Reading

01

*Imagine that you wish ① to buy a new digital camera. You check the reviews on the Internet. You also get feedback from your friends. Then, you go to a store and look at some cameras. *You decide ② to buy one nice camera. But you don't buy it at the store. You just go home and order it from the website with the best price. You are a "showroomer." Showrooming is a popular trend. Websites usually offer a cheaper price than stores. *But people still want ③ to see and touch a product. *So they go to the store ④ to check it out, but purchase it online. *Therefore, for these shoppers, stores are not places ⑤ to buy products from. For them, stores are simply showrooms.

1 위 글의 ①~⑤ 중, 다음 문장의 밑줄 친 to study의 용법과 같은 것은?

> James went to England to study English.

① ② ③ ④ ⑤

서술형

2 다음 질문에 대한 답을 본문에서 찾아 우리말로 쓰시오.

Q: According to the passage, why do people go to stores before they buy products from online sites?

A: ______________________________

3 위 글에서 별표(*)가 표시된 문장을 모두 해석하시오.

check[tʃek] 동 확인하다, 알아보다 review[rivjúː] 명 논평, 비평 feedback[fíːdbæ̀k] 명 피드백, (질문 등을 받는 측의) 의견[반응] trend[trend] 명 동향, 추세 offer[ɔ́ːfər] 동 제공하다 product[prɑ́dəkt] 명 상품, 제품 purchase[pə́ːrtʃəs] 동 구입하다 shopper[ʃɑ́pər] 명 구매자

02

Dashrath Manjhi was a farmer from India. One day, his wife got very sick. Sadly, she died because she couldn't get medical help in time. The nearest doctor lived in another village, but 이용할 길이 없었다. *They had to travel over a mountain **to get** there. *After his wife's death, Manjhi wanted **to fix** the problem. ① *It took him 22 years **to complete** the project. ② The path was 110 meters long and ten meters wide. ③ More importantly, the distance to the doctor's village was reduced from 75 kilometers to just one kilometer. ④ Manjhi became famous for his accomplishment. ⑤ Thanks to his hard work, people in his village can now get medical help easily.

서술형

1 위 글의 밑줄 친 우리말에 맞게 ( ) 안에 주어진 단어를 이용하여 빈칸을 채우시오.

there ______________________________ (no road, use)

2 글의 흐름으로 보아 주어진 문장이 들어갈 위치로 가장 적절한 곳은?

So, he started to cut a path through the mountain!

① ② ③ ④ ⑤

3 위 글에서 별표(*)가 표시된 문장을 모두 해석하시오.

medical [médikəl] 형 의학의, 의료의 near [niər] 형 가까운 (near-nearer-nearest) village [vílidʒ] 명 마을 death [deθ] 명 죽음, 사망 complete [kəmplíːt] 동 완료하다, 끝마치다 path [pæθ] 명 길 long [lɔːŋ] 형 긴; *길이가 …인 wide [waid] 형 넓은; *폭이 …인 reduce [ridjúːs] 동 줄이다 accomplishment [əkámpliʃmənt] 명 업적, 공적 [문제] cut [kʌt] 동 베다, 자르다; *(길을) 내다

UNIT 2 | to부정사 2

A to부정사가 목적격보어로 쓰이는 경우

1 The doctor *told* us **to eat** vegetables.
My parents *allowed* me **to go** camping.
He *ordered* the soldier **to put** down his gun.

1 그 의사는 우리에게 채소를 먹으라고 말했다.
부모님께서 내가 캠핑 가는 것을 허락하셨다.
그는 그 군인에게 총을 내려놓으라고 명령했다.

1 **to부정사를 목적격보어로 쓰는 동사:** want, expect, tell, ask, order, advise, allow 등
※ help는 목적격보어로 동사원형과 to부정사 모두를 쓸 수 있음

Check-up 우리말과 일치하도록 ( ) 안의 말을 이용하여 문장을 완성하시오.

1 나는 그가 내 지시를 따르기를 원했다. (follow)
I wanted ____________________ my directions.
2 우리는 그녀가 비밀을 지킬 것을 기대한다. (keep a secret)
We expect ____________________.
3 경찰들은 나에게 안에 들어가 있으라고 권고했다. (stay inside)
Police advised ____________________.
4 John은 그들에게 그를 위해 새로운 직장을 찾아봐 달라고 부탁했다. (find, a new job)
John asked ____________________ for him.

B 원형부정사가 목적격보어로 쓰이는 경우

1 He didn't *let* me **have** a second chance.
2 We *saw* a bird **land** on the branch.

1 그는 내가 두 번째 기회를 갖게 하지 않았다.
2 우리는 새가 나뭇가지 위에 내려앉는 것을 보았다.

1 **사역동사:** make, have, let
※ get은 사역의 의미를 가지나 목적격보어로 to부정사를 씀
2 **지각동사:** see, look at, watch, hear, listen to, smell, taste, feel 등
※ 진행의 의미를 강조할 경우 지각동사의 목적격보어로 v-ing도 가능

Check-up 우리말과 일치하도록 ( ) 안의 말을 이용하여 문장을 완성하시오.

1 이 스웨터는 나를 말라 보이게 한다. (look, thin)
This sweater makes ____________________.
2 우리는 개가 고양이를 쫓아가는 것을 보았다. (a dog, chase)
We watched ____________________ a cat.

C to부정사를 포함하는 주요 표현

1 We are **too** tired **to do** anything.
(→ We are **so** tired **that we can't do** anything.)
2 Mary is rich **enough to buy** that car.
(→ Mary is **so** rich **that she can buy** that car.)

1 우리는 너무 피곤해서 아무것도 할 수 없다.
2 Mary는 저 자동차를 살 정도로 충분히 부유하다.

1 **too … to-v**: '너무 …하여 ~할 수 없는' (=so … that+주어+can't+동사원형)
2 **… enough to-v**: '~할 정도로 충분히 …한' (=so … that+주어+can+동사원형)
※ 「enough+명사+to-v」: '~할 정도로 충분한 …'의 의미
I don't have **enough** *time* **to go** to the bank. 나는 은행에 **갈 정도로 충분한** *시간*이 없다.

Check-up 다음 두 문장의 뜻이 같도록 빈칸에 알맞은 말을 쓰시오.

1 This table is so heavy that it can't be moved.
→ This table is ______________________________.
2 I am too fat to wear these pants.
→ I am ______________________________ these pants.
3 The boy is tall enough to reach the ceiling.
→ The boy is ______________________________ the ceiling.
4 My bag is so big that it can hold many books.
→ My bag is ______________________________ many books.

D 의문사+to부정사

1 We should decide **what to do**.
Let's discuss **when to start**.
I don't know **who(m) to ask**.

1 우리는 무엇을 해야 할지 결정해야 한다.
언제 시작해야 할지 논의해 보자.
나는 누구에게 물어봐야 할지 모르겠다.

1 **의문사+to부정사**
what to-v '무엇을 …할지' who(m) to-v '누구를 …할지' when to-v '언제 …할지'
where to-v '어디서(로) …할지' how to-v '어떻게 …할지'
※ 「의문사+to부정사」는 보통 「의문사+주어+should+동사원형」으로 바꿔 쓸 수 있음
Please tell me **what to do**. → Please tell me **what I should do**. 내가 **무엇을 할지** 내게 말해주세요.

Check-up 우리말과 일치하도록 「의문사+to부정사」 형태와 ( ) 안의 말을 이용하여 문장을 완성하시오.

1 우리는 점심을 어디서 먹을지 모르겠다. (have)
We don't know ______________________ lunch.
2 어떻게 노래를 잘 부를 수 있는지 나한테 가르쳐 줄래? (sing)
Can you teach me ______________________ well?

Sentence Writing with Grammar

우리말과 일치하도록 (   ) 안의 말을 이용하여 문장을 완성하시오.

1 Mr. Smith는 우리에게 기다리라고 말했다. (tell, wait)

____

▶ tell은 목적격보어로 to부정사를 취한다.

2 나의 회사는 내가 청바지를 입는 것을 허락하지 않는다. (allow, wear jeans)

____

▶ allow는 목적격보어로 to부정사를 취한다.

3 그녀는 일꾼들에게 가구를 옮기도록 했다. (have, the workers, move)

______________________________ the furniture.

▶ 사역동사 have는 목적격보어로 원형부정사를 쓴다.

4 이 티셔츠는 너무 커서 입을 수가 없다. (T-shirt, too, big, wear)

____

▶ 「too … to-v」는 '너무 …하여 ~할 수 없는'이라는 의미를 나타낼 때 사용한다.

5 그는 너무 어려서 이 롤러코스터를 탈 수 없다. (so, young, ride)

______________________________ this roller coaster.

▶ 「too … to-v」는 「so … that+주어+can't+동사원형」으로 바꿔 쓸 수 있다.

6 그들은 다른 사람들과 그들의 음식을 나눌 정도로 충분히 친절하다. (kind, enough, share, food)

______________________________ with others.

▶ 「… enough to-v」는 '~할 정도로 충분히 …한'이라는 의미를 나타낼 때 사용한다.

7 이 말은 매우 빨라서 그것은 어떤 경주에서도 이길 수 있다. (horse, so, fast, win)

______________________________ any race.

▶ 「… enough to-v」는 「so … that+주어+can+동사원형」으로 바꿔 쓸 수 있다.

8 저에게 이 카메라를 어떻게 사용하는지 가르쳐 주세요. (teach, how, use)

Please ______________________________ this camera.

▶ how to-v는 '어떻게 …할지'의 의미이다. 「의문사+to부정사」는 보통 「의문사+주어+should+동사원형」으로 바꿔 쓸 수 있다.

A

When people in Norway buy something in a plastic bottle, they pay a small fee for the bottle. After they finish using the bottle, they can put it in a special machine. This machine takes the bottle and returns the fee to the person. This is called a "reverse vending machine." Norway expected these machines (A) cut plastic waste. They really made people (B) to recycle more. Norway was able to recycle 97% of its plastic bottles.

1 위 글의 밑줄 친 (A)와 (B)를 알맞은 형태로 고쳐 쓰시오.

(A) ______________ (B) ______________

Basic Reading

A
- to부정사가 목적격보어로 쓰이는 경우
- 원형부정사가 목적격보어로 쓰이는 경우

fee [fiː] 명 수수료; *요금
return [ritə́ːrn] 동 돌아오다; *돌려주다
reverse [rivə́ːrs] 형 반대의
vending machine 자판기
cut [kʌt] 동 자르다; *줄이다
recycle [riːsáikl] 동 재활용하다

B

Do you want to lose weight? If so, do you know 무엇을 먹을지 for breakfast? I strongly recommend oatmeal. It is better than cereal because there is more protein in it. Also, it takes longer to digest. This means you feel full longer. And, it is best to have it with skimmed milk or yogurt. Try it today!

*skimmed milk 탈지유

서술형

1 위 글의 밑줄 친 우리말을 동사 eat을 이용하여 영어로 옮기시오.

____

2 위 글에서 오트밀을 아침 식사로 추천하는 이유로 언급된 것은? (두 개)

① 맛이 좋다. ② 먹기 간편하다. ③ 가격이 저렴하다.
④ 단백질이 풍부하다. ⑤ 오랫동안 배가 부르다.

B
의문사+to부정사

lose weight 살을 빼다
recommend [rèkəménd] 동 추천하다
protein [próutiːn] 명 단백질
digest [daidʒést] 동 소화하다

Actual Reading

01

Thief! is the story of a teenage girl. Her name is Lydia. ① She wishes to join her schoolmate Anne's club. One day, Anne makes an interesting suggestion to Lydia. ② *She wants Lydia (A) [steal / to steal] the sports cup at school! *If ③ she does, Anne says she will let Lydia **be** in her club. But Lydia doesn't want to steal, so she refuses. The next day, however, people call ④ her a thief when the cup is found in her locker! She knows Anne did it, but ⑤ she can't prove it. *How can she get people (B) [believe / to believe] she isn't a thief? Read the book and find out! In my opinion, the book is full of surprises. There is a great twist in it, too! The book is definitely one of my favorites now.

1 위 글의 밑줄 친 ①~⑤ 중 가리키는 바가 다른 하나는?

① ② ③ ④ ⑤

2 위 글의 (A)와 (B)의 각 네모 안에서 어법에 맞는 표현을 골라 쓰시오.

(A) ______________ (B) ______________

3 위 글에서 별표(*)가 표시된 문장을 모두 해석하시오.

thief[θi:f] ⑲ 도둑 schoolmate[skú:lmèit] ⑲ 학우, 학교 친구 suggestion[sədʒéstʃən] ⑲ 제안 steal[sti:l] ⑧ 훔치다 cup[kʌp] ⑲ 컵; *(대회의) 우승컵 refuse[rifjú:z] ⑧ 거절하다 locker[lákər] ⑲ 개인 물품 보관함 prove[pru:v] ⑧ 증명하다 twist[twist] ⑲ (이야기·상황의 예상 밖의) 전환[전개] definitely[défənitli] ⑨ 분명히 favorite[féivərit] ⑲ 특히 좋아하는 것

02

Once, a boy really loved basketball, but he wasn't able to join his school's team. "The coach said 나는 키가 너무 작아서 농구를 할 수 없다," the boy said to his father. "*I'm not tall **enough to play** the sport."

His father hugged him and said, "Basketball isn't just about being tall. Practice, determination, and effort are the most important things. They will make you a great player."

The boy never forgot those words. He got up early every day to practice. *He practiced **so** hard **that he could join** the team the next year.

That little boy was Michael Jordan. Today, he is regarded as one of the greatest basketball players in history!

1 위 글의 요지로 가장 알맞은 것은?

① 대화를 통해 문제를 해결해야 한다.
② 쉽게 얻은 것은 쉽게 잃기 마련이다.
③ 자기 주도적인 생활 태도를 길러야 한다.
④ 개개인의 특징에 맞는 일을 찾는 것이 중요하다.
⑤ 현실에 좌절하지 말고 목표를 향해 노력해야 한다.

서술형

2 위 글의 밑줄 친 우리말에 맞게 ( ) 안에 주어진 단어를 이용하여 빈칸을 채우시오.

I was ______________________ basketball (too, short, play)

3 위 글에서 별표(*)가 표시된 문장을 모두 해석하시오.

once [wʌns] (부) 한 번; *(과거) 언젠가 coach [koutʃ] (명) (스포츠 팀의) 코치 hug [hʌg] (동) 껴안다 practice [prǽktis] (명) 연습 (동) 연습하다
determination [ditə̀ːrmənéiʃən] (명) 투지, 결심 word [wəːrd] (명) 단어; *말, 이야기 regard [rigɑ́ːrd] (동) 여기다

UNIT 3 | 동명사

A 동명사의 역할

1 **Working** hard is the key to success.
2 1) She *finished* **doing** her homework.
2) I am interested *in* **playing** sports.
3 My favorite activity is **dancing**.

1 열심히 일하는 것이 성공의 비결이다.
2 1) 그녀는 숙제하는 것을 마쳤다.
2) 나는 운동하는 것에 관심이 있다.
3 내가 가장 좋아하는 활동은 춤추는 것이다.

1 **주어 역할:** '…하는 것은(이)'
2 **목적어 역할:** '…하는 것(을)'
1) 동사의 목적어 2) 전치사의 목적어
3 **보어 역할:** '…하는 것(이다)'

Check-up **우리말과 일치하도록 ( ) 안의 말을 바르게 배열하여 문장을 완성하시오.**

1 너는 운전을 잘한다. (at, good, driving)
You are ______________________________.
2 그녀의 취미는 자전거를 타는 것이다. (riding, is, a bike)
Her hobby ______________________________.
3 그는 드럼을 연주하는 것을 연습했다. (drums, playing, practiced)
He ______________________________.
4 전기를 절약하는 것은 전혀 어렵지 않다. (isn't, electricity, saving, difficult)
______________________________ at all.

B 동명사와 to부정사

1 I will not *give up* **dreaming**.
2 They *wish* **to see** each other again.
3 1) Olivia *loves* **going [to go]** shopping.
2) He *forgot* **setting** the alarm clock.
He *forgot* **to set** the alarm clock.

1 나는 꿈꾸는 것을 포기하지 않을 것이다.
2 그들은 서로 다시 만나기를 바란다.
3 1) Olivia는 쇼핑하러 가는 것을 좋아한다.
2) 그는 알람 시계를 맞췄던 것을 잊어버렸다.
그는 알람 시계를 맞추는 것을 잊어버렸다.

1 **동명사만을 목적어로 취하는 동사:** give up, avoid, mind, enjoy, finish, quit, deny, practice, consider 등
2 **to부정사만을 목적어로 취하는 동사:** want, wish, agree, hope, promise, plan, expect, decide, refuse 등
3 **동명사와 to부정사 둘 다 목적어로 취하는 동사**
1) 의미 차이가 크게 없는 경우: begin, start, like, love, hate, continue 등

2) 의미 차이가 있는 경우: remember, forget, try 등

remember v-ing '(과거에) …했던 것을 기억하다'	remember to-v '(미래에) …할 것을 기억하다'
forget v-ing '(과거에) …했던 것을 잊다'	forget to-v '(미래에) …할 것을 잊다'
try v-ing '시험 삼아 …해보다'	try to-v '…하려고 노력하다'

독해 비법

stop v-ing *vs.* stop to-v

1 stop v-ing (동명사): '…하는 것을 멈추다'
She **stopped talking** about the meeting. 그녀는 그 회의에 관해 **이야기하는 것을 멈췄다**.

2 stop to-v ('목적'을 나타내는 to부정사): '…하기 위해 멈추다'
She **stopped to talk** about the meeting. 그녀는 회의에 관해 **이야기하기 위해** (하고 있던 것을) **멈췄다**.

Check-up **우리말과 일치하도록 ( ) 안의 말을 이용하여 문장을 완성하시오.**

1 Dan은 실수하는 것을 매우 싫어한다. (hate, make mistakes)
Dan ______________________.

2 우리는 다음 주 금요일에 만나는 것에 동의했다. (agree, meet)
We ______________________ next Friday.

3 나는 그의 전화번호를 기억하려고 노력했다. (try, remember)
I ______________________ his phone number.

C 동명사가 쓰인 주요 표현

1 We **had a hard time choosing** a gift.
The heavy fog **prevented the plane from landing**.

1 우리는 선물을 고르는 데 어려움을 겪었다.
짙은 안개가 비행기가 착륙하는 것을 막았다.

1 동명사가 쓰인 주요 표현

go v-ing '…하러 가다'	cannot help v-ing '…하지 않을 수 없다'
feel like v-ing '…하고 싶다'	How [What] about v-ing? '…하는 게 어때?'
be busy v-ing '…하느라 바쁘다'	look forward to v-ing '…하는 것을 고대하다'
It is no use v-ing '…해도 소용없다'	have a hard time v-ing '…하는 데 어려움을 겪다'
keep on v-ing '…하는 것을 계속하다'	spend+시간[돈]+v-ing '…하는 데 시간[돈]을 쓰다'
be worth v-ing '…할 만한 가치가 있다'	prevent [keep, stop]+목적어+from v-ing '…이 ~하는 것을 막다'

Check-up **우리말과 일치하도록 ( ) 안의 말을 이용하여 문장을 완성하시오.**

1 산책하러 가는 게 어때? (how, go for a walk)

____

2 나는 실망감을 느끼지 않을 수 없다. (feel disappointed)

____

Sentence Writing with Grammar

우리말과 일치하도록 (   ) 안의 말을 이용하여 문장을 완성하시오.

1 탄산음료를 먹는 것은 너의 치아에 좋지 않다. (drink soda, bad)

______________________________ for your teeth.

▸ 동명사는 문장에서 '…하는 것은(이)'라는 의미의 주어 역할을 할 수 있다.

2 우리를 이 파티에 초대해 주셔서 감사합니다 (thank you, for, invite)

______________________________ to this party.

▸ 동명사는 문장에서 '…하는 것(을)'이라는 의미의 목적어 역할을 할 수 있다.

3 그의 취미는 클래식 음악을 듣는 것이다. (hobby, listen to)

______________________________ classical music.

▸ 동명사는 문장에서 '…하는 것(이다)'라는 의미의 보어 역할을 할 수 있다.

4 우리는 빗속에서 젖는 것을 상관하지 않는다. (mind, get, wet)

______________________________ in the rain.

▸ give up, avoid, mind, enjoy, finish, quit, deny, practice, consider 등의 동사는 목적어로 동명사만을 취한다.

5 Cary는 과학자가 되기로 결심했다. (decide, become, a scientist)

____

▸ want, wish, agree, hope, promise, plan, expect, decide, refuse 등의 동사는 목적어로 to부정사만을 취한다.

6 나는 작년에 일기를 쓰는 것을 시작했다. (start, keep a diary)

______________________________ last year.

▸ begin, start, like, love, hate, continue 등의 동사는 의미 차이 없이 목적어로 동명사와 to부정사 둘 다 취할 수 있다.

7 그는 나에게 문자 메시지 보낸 것을 기억하지 못한다. (remember, send a text message)

______________________________ to me.

▸ remember v-ing는 '(과거에) …했던 것을 기억하다', remember to-v는 '(미래에) …할 것을 기억하다'의 의미이다.

8 우리는 너를 다시 보는 것을 고대한다. (look forward to, see)

______________________________ again.

▸ look forward to v-ing는 '…하는 것을 고대하다'의 의미이다.

A

Dear Karen,

My grandmother passed away last week. Because **talking** about her makes my mother cry, we avoid **saying** anything about her. I loved my grandmother too, but it is no use (A) [to cry / crying] since she can't come back. Still, I can't help (B) [cry / crying] over and over again. What should I do to stop (C) [to think / thinking] about my grandmother?

A sad girl

A
- 동명사의 역할
- 동명사와 to부정사
- 동명사가 쓰인 주요 표현

pass away 사망하다, 돌아가시다
since[sins] 접 …한 이후로; *… 때문에
still[stil] 부 그래도, 그럼에도 불구하고

1 위 글의 (A), (B), (C) 각 네모 안에서 어법에 맞는 표현이 바르게 짝지어진 것은?

(A)	(B)	(C)
① to cry	– cry	– to think
② to cry	– crying	– thinking
③ crying	– cry	– thinking
④ crying	– crying	– to think
⑤ crying	– crying	– thinking

B

Living near a train station may sound nice. But in Hanoi, Vietnam, the train runs down the street, right by people's front doors. It is too close! At 4 p.m. and 7 p.m. every day, the train comes, and people usually hide because they are afraid of (A) <u>get</u> hurt. Due to the noise and danger, it's hard for people to enjoy (B) <u>live</u> there.

B
- 동명사의 역할
- 동명사와 to부정사

right[rait] 부 바로
by[bai] 전 …옆에
front[frʌnt] 형 앞쪽의
hide[haid] 동 숨다
hurt[həːrt] 형 다친

1 위 글의 제목으로 가장 알맞은 것은?

① Staying Safe on a Train
② How Trains Work in Vietnam
③ The Train Schedule in Vietnam
④ Busy Times for Trains in the City
⑤ The Problem with Living Near Trains

2 위 글의 밑줄 친 동사 (A)와 (B)를 알맞은 형태로 고쳐 쓰시오.

(A) ________________ (B) ________________

Actual Reading

01

★**Running** for a long time makes you exhausted. ★You may also feel like **giving** up. However, at some later point, it gets easier to run. This is because you get a "second wind."
It usually happens some time after you think you can't go on any more.
★If you endure that moment, your body will find new energy, and you will be able to keep on (A) run. This happens in other areas of our lives, too. When you work on anything for a long time, you get tired and want to quit. However, if you continue (B) do it, you will get a second wind and feel refreshed.
So, don't give up. You may be having a hard time now, but you will get your second wind soon.

*second wind 세컨드 윈드 (운동 중에 겪는 제2차 정상상태)

1 위 글의 내용과 관련 있는 속담으로 가장 알맞은 것은?

① 등잔 밑이 어둡다.
② 고생 끝에 낙이 온다.
③ 걷기도 전에 뛰려고 한다.
④ 뛰는 놈 위에 나는 놈 있다.
⑤ 가는 말이 고와야 오는 말이 곱다.

2 위 글의 밑줄 친 동사 (A)와 (B)를 알맞은 형태로 고쳐 쓰시오.

(A) ______________ (B) ______________

3 위 글에서 별표(★)가 표시된 문장을 모두 해석하시오.

exhausted [igzɔ́ːstid] 형 기진맥진한 give up 포기하다 later [léitər] 형 더 늦은, 더 뒤의 point [pɔint] 명 시점, 순간 endure [indjúər] 동 견디다, 참다 moment [móumənt] 명 순간 refreshed [rifréʃt] 형 (기분이) 상쾌한

02

*Is **remembering** things difficult for you? *Then how about **making** a fist? In a study, researchers gave a list of 36 words and a ball to 50 students. Some students held the ball tightly in their right hand when they memorized the words. Then they held it in their left hand when they recalled the words. They remembered about ten words. Other students did the experiment in the opposite way. They remembered about six words.

How does this trick work? The secret is in our brain. The left side of the brain stores information and is connected to the right hand. The right side of the brain recalls information and is connected to the left hand. So if you want to boost your memory, 주먹을 쥐는 것을 잊지 마라. But choose which hand to use carefully!

서술형

1 위 글의 내용과 일치하도록 빈칸에 알맞은 말을 본문에서 찾아 쓰시오.

The ________ side of the brain stores information. Making a fist with your ________ hand can activate this side of the brain. That's because each of our hands is connected to the ________ side of the brain.

서술형

2 위 글의 밑줄 친 우리말에 맞게 (   ) 안에 주어진 단어를 이용하여 빈칸을 채우시오.

don't ____________________ a fist (forget, make)

3 위 글에서 별표(*)가 표시된 문장을 모두 해석하시오.

fist [fist] 명 주먹　tightly [táitli] 부 단단히, 꽉　memorize [méməràiz] 동 암기하다　recall [rikɔ́:l] 동 기억해내다, 상기하다　experiment [ikspérəmənt] 명 실험　opposite [ɑ́pəzit] 형 다른 편의　trick [trik] 명 속임수; *비법　store [stɔ:r] 동 저장하다　information [ìnfərméiʃən] 명 정보　connected [kənéktid] 형 연결된　boost [bu:st] 동 신장시키다, 북돋우다　memory [méməri] 명 기억, 기억력
[문제] activate [ǽktəvèit] 동 활성화하다

UNIT 4 | 분사

A 분사의 종류와 의미

1 That **crying** child is my son.
2 My wallet was **stolen**.
3 The story is **interesting**.
The students were **interested**.

1 저 울고 있는 아이는 내 아들이다.
2 내 지갑은 도난당했다.
3 그 이야기는 흥미롭다.
그 학생들은 흥미를 느꼈다.

1 **현재분사:** 「v-ing」 '…하고 있는', '…하는' (능동, 진행)
2 **과거분사:** 「v-(e)d 또는 불규칙형」 '…된', '…한' (수동, 완료)
3 **감정을 나타내는 분사:** 감정을 일으키는 경우에는 현재분사, 감정을 느끼게 되는 경우에는 과거분사를 사용

boring (지루한) – bored (지루해하는)
exciting (흥분시키는) – excited (흥분한)
interesting (흥미로운) – interested (흥미를 느낀)
surprising (놀라운) – surprised (놀란)
shocking (충격적인) – shocked (충격받은)
satisfying (만족스럽게 하는) – satisfied (만족해하는)

독해 비법
「v-ing+명사」의 해석
「v-ing+명사」의 v-ing는 현재분사인지 동명사인지에 따라 의미가 다르다. 현재분사일 경우 명사의 동작·상태를 나타내며 '…하고 있는'이란 의미를 가진다. 동명사일 경우 명사의 목적·용도를 나타내며 '…를 위한'이란 의미를 가진다.
a **waiting** boy 기다리고 있는 소년 / a **waiting** room 대기실
a **sleeping** man 자고 있는 남자 / a **sleeping** bag 침낭
a **swimming** dog 수영하고 있는 개 / a **swimming** pool 수영장

Check-up 다음 ( ) 안에서 알맞은 말을 고르고, 각 문장을 해석하시오.

1 That (barking, barked) dog is Tom's. → ______
2 There are (falling, fallen) apples on the ground. → ______
3 I was (disappointing, disappointed) at the news. → ______

B 분사의 쓰임

1 1) This **talking** *doll* is my favorite toy.
I don't want to buy a **used** *car*.
2) Can you see *that man* **wearing a hat**?
She used to like *a boy* **named Jake**.
This is *a bag* **made in France**.
2 1) *She* sat **singing** happily.
He was **worried** about the test.
2) I saw *two men* **playing** chess.
Jessica kept *the window* **closed**.

1 1) 이 말하는 인형은 내가 가장 좋아하는 장난감이다.
나는 중고차를 사는 것을 원하지 않는다.
2) 너는 모자를 쓴 저 남자가 보이니?
그녀는 Jake라는 이름의 소년을 좋아했었다.
이것은 프랑스에서 만들어진 가방이다.
2 1) 그녀는 행복하게 노래 부르면서 앉아 있었다.
그는 시험에 대해 걱정스러워 했다.
2) 나는 두 남자가 체스를 하고 있는 것을 보았다.
Jessica는 창문을 닫은 채로 두었다.

1 명사를 수식

1) 앞에서 수식하는 경우: 「분사+명사」(분사가 홀로 명사를 수식할 때)

2) 뒤에서 수식하는 경우: 「명사+분사」(목적어, 보어, 부사구 등과 함께 쓰인 분사가 명사를 수식할 때)

2 보어 역할

1) 주격보어로 쓰이는 경우　2) 목적격보어로 쓰이는 경우

Check-up **다음 (　　) 안에서 알맞은 말을 고르고, 각 문장을 해석하시오.**

1 That (sleeping, slept) baby looks cute. → ______________________

2 I had my car (fixing, fixed) yesterday. → ______________________

3 The computer game looks (boring, bored). → ______________________

4 He likes the tree (planting, planted) in his garden. → ______________________

C 분사구문

1 **Going** to the library, he met his friend.

2 1) **Arriving** in Seoul, we went to the Han River.
(← After we arrived in Seoul, ...)

2) **Being** tired, I went to bed early.
(← Because I was tired, ...)

3) **Listening** to the music, she wrote a letter.
(← As she listened to the music, ...)

1 도서관에 갔을 때, 그는 그의 친구를 만났다.
2 1) 서울에 도착한 후, 우리는 한강에 갔다.
2) 피곤해서, 나는 일찍 자러 갔다.
3) 음악을 들으면서, 그녀는 편지를 썼다.

1 분사구문: 부사절(접속사+주어+동사)을 분사를 사용하여 부사구 형태로 줄여 쓴 구문

※ 분사구문 만드는 방법

① 접속사를 없앤다.	~~When~~ he went to the library, he met his friend.
② 주어를 없앤다. (주절과 부사절의 주어가 같을 경우)	~~When he~~ went to the library, he met his friend.
③ 동사를 v-ing 형태로 고친다.	**Going** to the library, he met his friend.

2 분사구문의 의미

1) 때: '…할 때(when)', '…하는 동안에(while)', '…한 후에(after)'

2) 이유: '…때문에(because, as, since)'

3) 동시동작: '…하면서(as)'

Check-up **다음 문장을 분사구문으로 바꿔 쓰시오.**

1 After I finished my homework, I watched TV. → ______________________

2 Because he felt thirsty, he drank a lot of water. → ______________________

3 As we waited for the bus, we read some books. → ______________________

4 Since I was very sick, I was absent from school. → ______________________

5 When I stayed in the hotel, I enjoyed the room service. → ______________________

Sentence Writing with Grammar

우리말과 일치하도록 (   ) 안의 말을 이용하여 문장을 완성하시오.

1 저기 웃고 있는 저 여자아이를 보아라. (look at, smile, girl)

_______________________________________ over there.

▶ 현재분사는 「v-ing」의 형태로 능동 및 진행의 의미를 나타낸다.

2 나의 카메라는 어젯밤에 고장이 났다. (camera, be, break)

_______________________________________ last night.

▶ 과거분사는 「v-(e)d 또는 불규칙형」의 형태로 수동 및 완료의 의미를 나타낸다.

3 이 책은 지겹다. 그래서 나는 지루함을 느낀다. (be, bore, feel)

_________________________ So _________________________.

▶ 감정을 일으키는 경우에는 현재분사, 감정을 느끼게 되는 경우에는 과거분사를 사용한다.

4 경기장에는 많은 흥분한 사람들이 있었다. (many, excite, people)

There _______________________________________ in the stadium.

▶ 분사가 홀로 명사를 수식할 때, 분사는 그 명사 앞에 위치한다.

5 그녀의 사촌은 신문을 읽고 있는 저 남자이다. (cousin, man, read, the newspaper)

____

▶ 목적어, 보어, 부사구 등과 함께 쓰인 분사가 명사를 수식할 때, 분사는 명사 뒤에 위치한다.

6 그 편지는 영어로 쓰여 있었다. (the letter, be, write)

_______________________________________ in English.

▶ 분사는 주격보어로 쓰여 주어를 보충 설명할 수 있다.

7 나는 한 소녀가 아름다운 노래를 부르고 있는 것을 보았다. (see, sing, a beautiful song)

____

▶ 분사는 목적격보어로 쓰여 목적어를 보충 설명 할 수 있다.

8 손을 흔들면서, 그녀는 기차에 올라탔다. (wave, her hand, get on, the train)

____

▶ 분사구문은 부사절(접속사+주어+동사)을 부사구 형태로 줄여 쓴 구문으로, 때, 이유, 동시동작 등의 의미를 나타낼 수 있다.

Basic Reading

A

There are some **interesting** names for mountains and valleys in America. Some places have animal names. For example, there is a place (A) call Bear Mountain. People think that it got its name because bears live there. There are also some places (B) name after plants. There was a valley **well known** for its many apple trees, and people named it Apple Valley.

A
- 분사의 종류와 의미
- 분사의 쓰임

valley [vǽli] 명 계곡, 골짜기
name after …의 이름을 따서 이름을 짓다

1 위 글의 주제로 가장 알맞은 것은?

① 미국 이민의 역사
② 미국의 동물과 식물
③ 미국의 지명과 지형의 관계
④ 미국의 다양한 지명의 유래
⑤ 미국 내 인디언과 백인의 갈등

2 위 글의 밑줄 친 동사 (A)와 (B)를 알맞은 형태로 고쳐 쓰시오.

(A) ______________ (B) ______________

B

One day little Jimmy said to his dad, “I know how you can save some money.” As he was **excited** to hear this, the boy’s father asked, “Can you tell me how?” “Remember you promised to give me $10 if I passed my math test?” said Jimmy. “Yes, that’s right,” the father replied. Then Jimmy said, “Well, you don’t have to pay me.”

B
- 분사의 종류와 의미
- 분사의 쓰임
- 분사구문

save [seiv] 동 절약하다, 아끼다
pass [pæs] 동 지나가다; *합격[통과]하다
reply [riplái] 동 대답하다
pay [pei] 동 지불하다

서술형

1 위 글의 밑줄 친 부사절을 분사구문으로 바꿔 쓰시오.

____

Actual Reading

01

Bottles and cans are easy to recycle. But have you ever thought about recycling your toothbrush? If every person uses four toothbrushes a year, 1.25 billion toothbrushes will be **thrown** away — just in America! That's a huge amount of waste.
*Fortunately, there is an American company (A) <u>fix</u> this problem. At first, they made toothbrushes from yogurt cups. *But after people used those (B) <u>recycle</u> toothbrushes, they still threw them in the trash. So, the company created a new package with free postage. Instead of throwing away the old toothbrush, the customer can mail it back to the company for free. *Then the company turns the **used** toothbrush into plastic material for boardwalks and picnic tables. This way, the toothbrushes are 100 percent **recycled**.

*boardwalk 판자를 깔아 만든 길

1 위 글의 제목으로 가장 알맞은 것은?

① The Difficulties of Recycling Toothbrushes
② How to Make Toothbrushes out of Bottles
③ The World's Most Eco-Friendly Toothbrush
④ The Proper Way to Use Recycled Toothbrushes
⑤ How to Encourage More Companies to Recycle

2 위 글의 밑줄 친 동사 (A)와 (B)를 알맞은 형태로 고쳐 쓰시오.

(A) ______________ (B) ______________

3 위 글에서 별표(*)가 표시된 문장을 모두 해석하시오.

bottle [bátl] ⓜ 병 recycle [riːsáikl] ⓢ 재활용하다 toothbrush [túːθbrʌ̀ʃ] ⓜ 칫솔 billion [bíljən] ⓜ 10억 package [pǽkidʒ] ⓜ 포장지[용기] postage [póustidʒ] ⓜ 우편 요금, 우송료 customer [kʌstəmər] ⓜ 고객 mail [meil] ⓢ (우편으로) 보내다, 부치다 material [mətíːəriəl] ⓜ 재료 [문제] eco-friendly [íːkəufrɛndli] ⓜ 친환경적인 proper [prάpər] ⓗ 적절한 encourage [inkə́ːridʒ] ⓢ 권장하다

02

(A) *[Flying / Flown] in a V formation, wild geese go south for the winter. Why do they fly this way?

It is because it ______________________. When a bird moves its wings to fly, it pushes up the air behind it. *This helps the **following** birds to stay in the air more easily. So when a bird flies at the back of the formation, it is easy to fly. *But a bird **flying** at the front gets easily (B) [exhausting / exhausted] because it must work harder than the others. By taking turns, every wild goose gets to fly in front. While one wild goose is working hard, the others can take a rest.

*wild goose 기러기

1 위 글의 빈칸에 들어갈 말로 가장 알맞은 것은?

① keeps them warm
② helps them fly farther
③ helps them save their energy
④ shows them the right direction
⑤ protects them from other birds

2 위 글의 (A)와 (B)의 각 네모 안에서 어법에 맞는 표현을 골라 쓰시오.

(A) ______________ (B) ______________

3 위 글에서 별표(*)가 표시된 문장을 모두 해석하시오.

formation [fɔːrméiʃən] 명 (특정한) 대형 south [sauθ] 명 남쪽 부 남쪽으로 wing [wiŋ] 명 날개 push up 밀어올리다 air [ɛər] 명 공기; 공중 front [frʌnt] 명 앞쪽 exhaust [igzɔ́ːst] 동 지치게 하다 take turns 교대하다 [문제] farther [fɑ́ːrðər] 부 더 멀리 direction [dirékʃən] 명 방향 protect [prətékt] 동 보호하다

Word Review

다음 영어 단어의 우리말 뜻을 적으시오.

1 skill		21 thief	
2 boil		22 steal	
3 master		23 prove	
4 silly		24 definitely	
5 toward		25 determination	
6 escape		26 continue	
7 purchase		27 pass away	
8 medical		28 hide	
9 near		29 endure	
10 death		30 fist	
11 complete		31 memorize	
12 path		32 recall	
13 reduce		33 opposite	
14 accomplishment		34 boost	
15 chase		35 memory	
16 ceiling		36 activate	
17 return		37 name after	
18 recommend		38 recycle	
19 protein		39 proper	
20 digest		40 encourage	

Chapter

3

문장의 연결

Unit 1 관계사 1
Unit 2 관계사 2
Unit 3 접속사

UNIT 1 | 관계사 1

• 관계대명사는 두 문장을 연결해주는 접속사 역할과 앞에 나온 명사를 대신하는 대명사 역할을 동시에 함
• 관계대명사가 이끄는 절은 앞에 있는 명사(선행사)를 수식함

I saw a boy. + He wore glasses. → I saw a boy and he wore glasses.
접속사 + 대명사

→ I saw a boy [**who** wore glasses]. 나는 안경을 쓰고 있는 소년을 보았다.

A 주격 관계대명사 who, which

1 I have a friend **who** can speak German.
(← I have a friend. + She can speak German.)
2 The T-shirt **which** was on sale is sold out.
(← The T-shirt is sold out + It was on sale.)

1 나는 독일어를 말할 수 있는 친구가 있다.
2 할인 중이었던 그 티셔츠는 다 팔렸다.

1 **who**: 선행사가 사람일 때
2 **which**: 선행사가 사물, 동물일 때

Check-up 다음 두 문장을 관계대명사 who 또는 which를 이용하여 한 문장으로 바꿔 쓰시오.

1 I know someone. + He teaches math. → ______________________
2 This is the plane. + It goes to New York. → ______________________
3 That cat is expensive. + It has small ears. → ______________________

B 소유격 관계대명사 whose

1 I saw a girl **whose** hair was long.
(← I saw a girl. + Her hair was long.)
The house **whose** roof is green is mine.
(← The house is mine. + Its roof is green.)

1 나는 머리가 긴 소녀를 보았다.
지붕이 녹색인 그 집은 내 것이다.

1 **whose**: 선행사의 종류에 관계없이 모든 경우

Check-up 다음 두 문장을 관계대명사 whose를 이용하여 한 문장으로 바꿔 쓰시오.

1 He has a dog. + Its tail is short. → ______________________
2 Jack is an actor. + His wife is a director. → ______________________

C 목적격 관계대명사 who(m), which

1 That is the lady **who(m)** I helped yesterday.
(← That is the lady. + I helped her yesterday.)
2 The doll **which** Tom bought for me is quite big.
(← The doll is quite big. + Tom bought it for me.)

1 저 사람이 내가 어제 도와 드렸던 숙녀분이다.
2 Tom이 나에게 사준 인형은 꽤 크다.

1 **who(m):** 선행사가 사람일 때
2 **which:** 선행사가 사물, 동물일 때

Check-up 다음 두 문장을 관계대명사 who(m) 또는 which를 이용하여 한 문장으로 바꿔 쓰시오.

1 Mr. Cooper is a doctor. + I trust him. → ______________________________
2 This is the computer. + We made it. → ______________________________
3 The cell phone was white. + I lost it. → ______________________________

D 관계대명사 that

1 Jerry knows a man **that**[who] fixes cars.
We ate the pie **that**[which] you baked for us.
2 1) I write about *people and things* **that** I like.
2) My friend has *the same cup* **that** I have.
3) Is there *anything* **that** I can help you with?

1 Jerry는 차를 수리하는 한 남자를 알고 있다.
우리는 네가 우리를 위해 구워준 파이를 먹었다.
2 1) 나는 내가 좋아하는 사람과 사물에 대해 글을 쓴다.
2) 내 친구는 내가 가진 것과 같은 컵을 가지고 있다.
3) 제가 당신을 도울 일이 있습니까?

1 **주격 또는 목적격 관계대명사:** 선행사의 종류에 관계없이 모든 경우
2 **주로 관계대명사 that을 쓰는 경우**
1) 선행사가 사람과 동물[사물]일 때
2) 선행사가 최상급, 서수, the only, the very, the same, the last 등의 수식을 받을 때
3) 선행사가 -thing으로 끝나는 말일 때

Check-up 우리말과 일치하도록 알맞은 관계대명사와 (　) 안의 말을 이용하여 문장을 완성하시오.

1 Kelly가 내가 같이 일하고 싶은 사람이다. (want, work with)
Kelly is the person ______________________.
2 그녀는 내가 그녀에게 말하는 모든 것을 믿는다. (tell)
She believes everything ______________________.
3 여기서 자고 있는 아기와 강아지는 편안해 보인다. (sleep)
The baby and the puppy ______________________ here look comfortable.

Sentence Writing with Grammar

우리말과 일치하도록 알맞은 관계사와 (   ) 안의 말을 이용하여 문장을 완성하시오.

1 나는 이집트에서 온 한 남자를 만났다. (a man, come from, Egypt)

I met ____.

▶ 선행사가 사람일 때 주격 관계대명사 who 또는 that을 쓸 수 있다.

2 「동물농장」은 내가 읽고 싶은 소설이다. (the novel, want, read)

Animal Farm is ____.

▶ 선행사가 사물일 때 주격 관계대명사 that 또는 which를 쓸 수 있다.

3 나는 이름이 Heather인 소녀를 찾고 있다. (a girl, name, be)

I'm looking for ____.

▶ 선행사의 종류에 관계없이 소유격 관계대명사로 whose를 쓴다.

4 그는 목숨이 위태로웠던 한 동물을 구조했다. (an animal, life, be in danger)

He rescued ____.

▶ 선행사의 종류에 관계없이 소유격 관계대명사로 whose를 쓴다.

5 Mr. White는 우리가 존경하는 경찰관이다. (a policeman, respect)

Mr. White is ____.

▶ 선행사가 사람일 때 목적격 관계대명사로 who(m) 또는 that을 쓸 수 있다.

6 장미는 Grace가 그녀의 정원에서 기르는 꽃이다. (the flowers, grow)

Roses are ____ in her garden.

▶ 선행사가 사물일 때 목적격 관계대명사로 that 또는 which를 쓸 수 있다.

7 네가 어제 보았던 그 소녀와 그녀의 강아지는 이 근처에 산다. (the girl, puppy, see)

____ yesterday live around here.

▶ 선행사가 사람과 동물[사물]일 때 주로 관계대명사 that을 쓴다.

8 영어는 내가 좋아하는 유일한 과목이다. (the only subject, like)

English is ____.

▶ 선행사가 최상급, 서수, the only, the very, the same, the last 등의 수식을 받을 때 주로 관계대명사 that을 쓴다.

Basic Reading

A

Jamie showed his mom his report card. She was very angry because the grade **that** he got in math was terrible. She said, "Why did you get a low score this time?" Jamie said, "Because of an absence." She didn't understand. "You haven't missed any school days," she said. "No, but the kid __________ sits next to me was absent on the test day."

A
- 목적격 관계대명사
- 주격 관계대명사

report card 성적표
grade[greid] 명 성적
terrible[térəbl] 형 끔찍한; *형편없는
low[lou] 형 낮은
absence[ǽbsəns] 명 결석
miss[mis] 동 그리워하다; *빼먹다

1 위 글의 빈칸에 들어갈 관계대명사로 알맞은 것은? (두 개)

① who　② whose　③ whom　④ which　⑤ that

2 글의 마지막에 Jamie의 엄마가 느꼈을 심정으로 가장 알맞은 것은?

① 외롭다　② 두렵다　③ 안심된다　④ 황당하다　⑤ 행복하다

B

Agatha Christie was an English writer **who** lived from the late 19th to the late 20th century. She wrote many well-known crime novels. Monsieur Hercule Poirot and Miss Jane Marple are the most famous characters that she created. And her most popular book is *Then There Were None*. It has sold around 100 million copies. It is the best-selling crime novel of all time!

B
- 주격 관계대명사
- 목적격 관계대명사

late[leit] 형 늦은; *후기의
century[séntʃəri] 명 100년; *세기
crime[kraim] 명 범죄
character[kǽriktər] 명 등장인물
create[kriéit] 동 창조하다
copy[kápi] 명 복사; *(책 등의) 한 부
best-selling[béstséliŋ] 형 가장 많이 팔리는

1 위 글의 밑줄 친 that과 그 쓰임이 다른 것은?

① This is the book that I like the most.
② The skirt that she bought was too small.
③ The man that you met yesterday is Mike.
④ The people that live near my house are friendly.
⑤ They are students that I take the same class with.

01

Have you ever heard of 물 밖에 사는 물고기? It sounds unbelievable. However, there is a fish **which** doesn't have to stay in water. The lungfish of Africa can live for a long time in mud.

*In Africa, there are rivers **that** run through deserts. Sometimes, they overflow. Small lakes form from the extra water **that** these floods bring. Lungfish live in these lakes. ① However, the lakes eventually dry up. ② Then, the lungfish dig into the muddy ground. ③ It is impossible for the fish to breathe underground. ④ They can live there for several months.

⑤ Lungfish are one of the oldest fish **that** have bones. *They are similar to the fish **that** were common 200 million years ago. Maybe they have survived because of their amazing ability!

1 위 글의 ①~⑤ 문장 중 글의 흐름과 관계가 없는 것은?

① ② ③ ④ ⑤

서술형

2 위 글의 밑줄 친 우리말에 맞게 알맞은 관계대명사와 ( ) 안에 주어진 단어를 이용하여 문장을 완성하시오.

a fish ______________________ (live, out of water)

3 위 글에서 별표(*)가 표시된 문장을 모두 해석하시오.

unbelievable [ə̀nbəlívəbəl] ⓗ 믿기 힘든 mud [mʌd] ⓜ 진흙 (ⓗ muddy) desert [dézərt] ⓜ 사막 overflow [óuvərflòu] ⓓ 넘치다, 넘쳐흐르다 form [fɔːrm] ⓓ 형성되다, 형성시키다 flood [flʌd] ⓜ 홍수 eventually [ivéntʃuəli] ⓑ 결국 dig [dig] ⓓ 파다 ground [graund] ⓜ 땅바닥, 지면 impossible [impásəbl] ⓗ 불가능한 breathe [briːð] ⓓ 호흡하다 underground [ə̀ndərgráund] ⓑ 지하에 bone [boun] ⓜ 뼈 similar [símələr] ⓗ 유사한 common [kámən] ⓗ 흔한 survive [sərváiv] ⓓ 살아남다, 생존하다

02

Are you a teenager **who** has trouble making friends? Some researchers in Israel have a suggestion for you – write a blog!

Their recent study looked at high school students (A) [who / which] had social problems. They asked the students to blog at least twice a week. They could write about their social problems or any other topic. Also, their blogs could be open or closed for comments.

The results showed that students **who** blogged improved their confidence. They also became less nervous when they were around people. ______________, the students (B) [whom / whose] blogs were open for comments and **who** wrote about their social problems improved the most. Teenagers can learn how to express themselves honestly through blogs. And blogs **that** are open for comments teach them how to interact with people (C) [whom / which] they have never met.

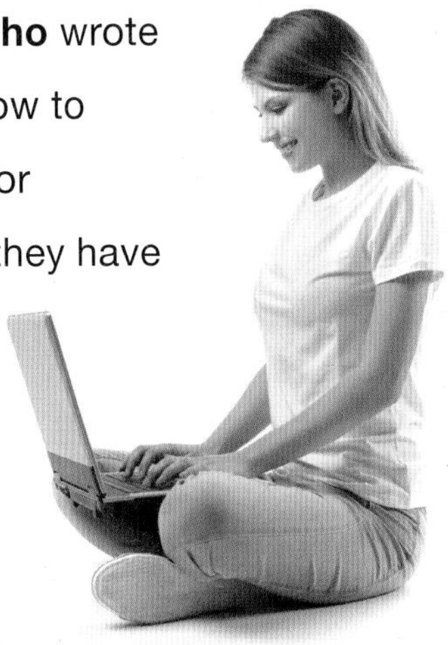

1 위 글의 제목으로 가장 알맞은 것은?

① How to Make Friends Online ② Negative Blog Comments Hurt
③ Share Your Problems on a Blog ④ Blogging Improves Writing Skills
⑤ Blogging Creates Social Problems

2 위 글의 빈칸에 들어갈 말로 가장 알맞은 것은?

① However ② Moreover ③ Therefore ④ Nonetheless ⑤ For example

3 위 글의 (A), (B), (C) 각 네모 안에서 어법에 맞는 표현이 바르게 짝지어진 것은?

	(A)	(B)	(C)
①	who	whom	whom
②	who	whom	which
③	who	whose	whom
④	which	whose	whom
⑤	which	whose	which

blog [blag] ⓜ 블로그 ⓢ 블로그를 기록하다 recent [ríːsənt] ⓗ 최근의 social [sóuʃəl] ⓗ 사회적인; *사교상의 comment [kάment] ⓜ 논평, 언급 improve [imprúːv] ⓢ 개선되다; 개선하다 nervous [nə́ːrvəs] ⓗ 불안해하는 express [iksprés] ⓢ 나타내다, 표현하다 honestly [άnistli] ⓑ 솔직히 interact [ìntərǽkt] ⓢ 소통하다 [문제] negative [négətiv] ⓗ 부정적인 hurt [həːrt] ⓢ 다치게 하다; *고통을 주다 share [ʃεər] ⓢ 공유하다

UNIT 2 | 관계사 2

A 관계대명사 what

1 The audience agreed with **what** the speaker said.
(=The audience agreed with **the thing which** the speaker said.)

1 청중은 발표자가 말한 것에 동의했다.

1 관계대명사 what: 선행사를 포함하는 관계대명사로 '…한 것(=the thing(s) which[that])'의 의미임

> 독해 비법
> 관계대명사 **what**과 의문사 **what**의 구분
> 관계대명사 what은 선행사가 없기 때문에 의문사 what과 잘 구분되지 않는다. 관계대명사 what은 '…한 것'으로, 의문사 what은 '무엇'으로 해석된다는 점에서 가장 기본적인 구분점을 찾을 수 있다.
> This is **what** I wanted. 이것이 내가 원했던 **것**이다. (관계대명사)
> Do you know **what** it is? 너는 이것이 **무엇**인지 아니? (의문사)

Check-up 다음 빈칸에 that과 what 중 알맞은 말을 쓰고, 각 문장을 해석하시오.

1 Tell me ________ you need.
→ 해석: ______________________________
2 This is ________ I want to buy.
→ 해석: ______________________________
3 The man ________ I was talking to was Ryan.
→ 해석: ______________________________

B 관계대명사의 생략

1 The language **(that[which])** we use is Korean.
2 The girl **(who is)** living next door is very kind.

1 우리들이 사용하는 언어는 한국어다.
2 내 옆집에 살고 있는 소녀는 매우 친절하다.

1 목적격 관계대명사
※ 전치사가 목적격 관계대명사 앞에 있을 때, 관계대명사를 생략하거나, 관계대명사 that을 쓸 수 없음
This is the house **(that[which])** my friend lives in. 이곳은 내 친구가 사는 집이다.
This is the house in which my friend lives. (which 생략 불가)
This is the house in that my friend lives. (X)

2 주격 관계대명사+be동사

Check-up 다음 문장에서 생략할 수 있는 부분을 찾아 쓰시오.

1 This is wine that was made in France.
2 The song that we are listening to is popular.

C 관계부사

1 I remember *the day* **when** I first saw you.
(← I remember the day. + I first saw you on that day.)
2 This is *the room* **where** he practices the violin.
(← This is the room. + He practices the violin in the room.)
3 We don't know *the reason* **why** she is sad.
(← We don't know the reason. + She is sad for that reason.)
4 Show me **how** you make omelets.
(← Show me the way. + You make omelets in that way.)

1 나는 너를 처음 본 날을 기억한다.
2 이곳은 그가 바이올린을 연습하는 방이다.
3 우리는 그녀가 슬퍼하는 이유를 모른다.
4 네가 오믈렛을 만드는 방법을 내게 보여줘.

- 관계부사는 두 문장을 연결해주는 접속사 역할과 부사의 역할을 동시에 함
- 관계부사가 이끄는 절은 앞에 있는 명사(선행사) 수식

That's the place. + We live at that place. → That's the place and we live at that place.
접속사 + 부사

→ That's the place [**where** we live]. 이곳이 우리가 사는 장소이다.

1 **when**: 선행사가 시간을 나타내는 말일 때 사용 (the time, the day, the year 등)
2 **where**: 선행사가 장소를 나타내는 말일 때 사용 (the place, the house, the country 등)
3 **why**: 선행사가 이유를 나타내는 말일 때 사용 (the reason)
4 **how**: 선행사가 방법을 나타내는 말일 때 사용 (the way)
- 관계부사 how는 선행사 the way와 함께 쓸 수 없고 둘 중 하나만 씀

I don't know **how** he fixed this computer. (O) 나는 그가 이 컴퓨터를 고친 방법을 모른다.
I don't know *the way* he fixed this computer. (O)
I don't know *the way* **how** he fixed this computer. (X)

※ 선행사가 the time, the place, the reason 등과 같이 일반적인 명사일 경우 생략 가능
Spring is (the time) when flowers bloom. 봄은 꽃들이 피는 때이다.
This library is (the place) where I often read books. 이 도서관은 내가 자주 책을 읽는 장소이다.
This is (the reason) why we love you. 이것이 우리가 너를 사랑하는 이유이다.

Check-up 다음 빈칸에 알맞은 관계부사를 쓰고, 각 문장을 해석하시오.

1 I visited the house ________ my dad was born.
→ 해석: ________________________________
2 He told me ________ I can solve the problem.
→ 해석: ________________________________
3 Do you remember the time ________ we traveled to Europe?
→ 해석: ________________________________
4 Jessica didn't tell me the reason ________ she was absent yesterday.
→ 해석: ________________________________

Sentence Writing with Grammar

우리말과 일치하도록 알맞은 관계사와 (   ) 안의 말을 이용하여 문장을 완성하시오.

1 그 결과는 우리가 기대한 것이 아니었다. (expect)

The result was not ______________________________.

▶ what은 선행사를 포함하는 관계대명사로 '…한 것(the thing(s) which[that])'이라는 의미이다.

2 나는 Jane이 사랑하는 남자가 아니다. (the man, love)

I am not ______________________________.

▶ 선행사가 사람일 때 목적격 관계대명사로 who(m) 또는 that을 쓸 수 있으며, 목적격 관계대명사는 생략할 수 있다.

3 Steve가 내게 준 그 시계는 매우 비싸다. (the watch, give)

______________________________ is very expensive.

▶ 선행사가 사물일 때 목적격 관계대명사로 that 또는 which를 쓸 수 있으며, 목적격 관계대명사는 생략할 수 있다.

4 나는 Keats에 의해 쓰여졌던 시들을 자주 읽는다. (poems, write)

I often read ______________________________ by Keats.

▶ 선행사가 사물일 때 주격 관계대명사로 that 또는 which를 쓸 수 있으며, 「주격 관계대명사+be동사」는 생략할 수 있다.

5 내가 하이킹을 간 날 비가 왔다. (the day, go hiking)

______________________________ was rainy.

▶ 선행사가 시간을 나타내는 말일 때 관계부사 when을 쓴다.

6 저곳이 내가 내 침대를 샀던 가게이다. (the shop, buy, bed)

That is ______________________________.

▶ 선행사가 장소를 나타내는 말일 때 관계부사 where를 쓴다.

7 나는 네가 그에게 화가 난 이유를 이해할 수 없다. (the reason, be angry with)

I don't understand ______________________________.

▶ 선행사가 이유를 나타내는 말일 때 관계부사 why를 쓴다.

8 이 비디오는 개미들이 살아가는 방법을 보여줄 것이다. (ant, live)

This video will show ______________________________.

▶ 선행사가 방법을 나타내는 말일 때 관계부사 how를 쓴다. 단, 관계부사 how는 선행사 the way와 함께 쓸 수 없고 둘 중 하나만 써야 한다.

Basic Reading

A

It wasn't easy for Thomas Edison to find a filament for the light bulb. He and his assistant tested 2,000 different materials ① which didn't work. One day, his assistant complained ② that the work was meaningless. Edison told him ③ that it wasn't. "Here's ④ which we learned — there are 2,000 materials ⑤ that we can't use for a filament."

*filament (전구 안에 든) 필라멘트
*light bulb 백열 전구

A
관계대명사

assistant [əsístənt] 명 조수
material [mətíəriəl] 명 재료
work [wəːrk] 동 일하다; *효과가 있다 명 *일, 작업
complain [kəmpléin] 동 불평하다
meaningless [míːniŋlis] 형 의미 없는

1 위 글의 밑줄 친 ①~⑤ 중 어법상 틀린 것은?

① ② ③ ④ ⑤

B

Paul was looking out his window. He saw two men ___(A)___ were carrying a TV to a truck. He yelled at them. "Are you repairmen?" "Yes," they said. "I have a TV **that** you can fix." "Great!" they told him. Paul gave them his TV, and he didn't see them again. That is ___(B)___ he lost his TV. They weren't repairmen. They were ___(C)___!

B
• 관계대명사
• 관계부사

carry [kǽri] 동 나르다
yell [jel] 동 소리치다
repairman [ripέərmæ̀n] 명 수리공
[문제]
thief [θiːf] 명 도둑
neighbor [néibər] 명 이웃 사람
salesman [séilzmən] 명 판매원

1 위 글의 빈칸 (A)와 (B)에 들어갈 알맞은 말을 〈보기〉에서 골라 쓰시오.

〈보기〉	who	which	how	what

(A) ________ (B) ________

2 위 글의 빈칸 (C)에 들어갈 말로 가장 알맞은 것은?

① thieves ② neighbors ③ policemen ④ salesmen ⑤ repairmen

Actual Reading

01

Many people think that "price" and "cost" are the same, but they are wrong. The "price" of an item is the money ⓐ which is needed to buy it. But the "cost" is the money ⓑ that you have to spend to make the thing. For example, the owner of a shoe factory must buy leather, thread, and so on to make shoes. He must also pay the workers ⓒ who make the shoes. When he adds all of these together, he gets the cost of making the shoes. Then, he decides the ___(A)___ of the shoes. He must make a profit, so it will be higher than the ___(B)___. If the shoes cost $5 to make, he might sell them for $10.

1 위 글의 주제로 가장 알맞은 것은?

① 가격과 원가의 개념
② 가격 정찰제의 장단점
③ 제품 원가를 절감하는 방법
④ 적정한 가격 책정의 중요성
⑤ 신발을 저렴하게 구입하는 방법

2 위 글의 빈칸 (A)와 (B)에 들어갈 말을 본문에서 찾아 쓰시오.

(A) __________ (B) __________

3 밑줄 친 ⓐ, ⓑ, ⓒ 중에서 생략할 수 있는 것을 모두 골라 쓰시오.

price[prais] 명 가격 cost[kɔːst] 명 비용, 원가 동 (비용이) 들다 wrong[rɔ́ːŋ] 형 틀린, 잘못된 item[áitəm] 명 물품 owner[óunər] 명 주인, 소유주 factory[fǽktəri] 명 공장 leather[léðər] 명 가죽 thread[θred] 명 실 add[æd] 동 합하다 profit[prɑ́fit] 명 이익, 이윤 sell[sel] 동 팔다

02

Once upon a time, there was a kingdom __________ a generous king lived. A poor man wanted to give the king a present. *He gave the king the only thing **that** he owned — a wooden bowl. Because the king didn't have such a bowl, he thought it was very precious. He gave the man a lot of gold. But the poor man wanted more gold. He thought, "*I will make a chair with the gold **that** the king gave me. If I give it to the king, I will get more gold!" A week later, the man returned to the king. He gave the king the golden chair. The king said, "I'd like to give you a precious thing, too." The king gave him the wooden bowl.

1 위 글의 내용과 관련 있는 속담으로 가장 알맞은 것은?

① 쥐구멍에도 볕 들 날 있다.
② 사공이 많으면 배가 산으로 간다.
③ 가는 말이 고와야 오는 말이 곱다.
④ 가는 토끼 잡으려다 잡은 토끼 놓친다.
⑤ 종로에서 뺨 맞고 한강에서 눈 흘긴다.

2 위 글의 빈칸에 들어갈 말로 가장 알맞은 것은?

① what ② when ③ where ④ why ⑤ how

3 위 글에서 별표(*)가 표시된 문장을 모두 해석하시오.

kingdom [kíŋdəm] 명 왕국 generous [dʒénərəs] 형 후한, 너그러운 own [oun] 동 소유하다 wooden [wúdn] 형 나무로 된 bowl [boul] 명 그릇 precious [préʃəs] 형 귀중한 return [ritə́ːrn] 동 돌아오다, 돌아가다 golden [góuldən] 형 금으로 만든

UNIT 3 | 접속사

A 등위 접속사 문법적으로 대등한 단어와 단어, 구와 구, 절과 절, 문장과 문장을 이어줌

1 1) Peter is a doctor, **and** Amy is a nurse.
2) I already had lunch, **but** I'm still hungry.
3) Which do you prefer, rice **or** bread?
4) It was too hot, **so** I turned on the fan.

1 1) Peter는 의사이고, Amy는 간호사이다.
2) 나는 이미 점심을 먹었지만, 여전히 배가 고프다.
3) 밥 또는 빵 중 너는 어느 것을 선호하니?
4) 날씨가 너무 더워서, 나는 선풍기를 틀었다.

1 **and, but, or, so**
1) and(그리고) 2) but(그러나) 3) or(혹은, 또는) 4) so(그래서)

Check-up **다음 ( ) 안에서 알맞은 접속사를 고르고, 각 문장을 해석하시오.**

1 Is this dog yours (or, so) Kelly's? → ______________________
2 Mary had coffee (and, so) doughnuts. → ______________________
3 We felt tired, (but, so) we took a break. → ______________________
4 I can speak Korean, (but, or) I can't speak Spanish. → ______________________

B 종속 접속사 주절과 종속절을 이어 주는 접속사로, 종속절은 주절의 내용을 보충함

1 **When** I was young, I lived in New York.
2 **Because** it was cold, we stayed inside.
3 **If** you study hard, you will pass the exam.
4 **Though** it is October, the weather is still hot.

1 어렸을 때 나는 뉴욕에 살았다.
2 날씨가 추웠기 때문에 우리는 안에 머물렀다.
3 네가 공부를 열심히 하면, 시험에 통과할 것이다.
4 10월임에도 불구하고 날씨가 여전히 덥다.

1 **시간을 나타내는 접속사:** before(…하기 전에), after(…한 후에), until(…할 때까지), while(…하는 동안), when(…할 때), as(…할 때, …하면서)

2 **이유를 나타내는 접속사:** because, as, since(…이기 때문에)

3 **조건을 나타내는 접속사:** if(만약 …라면), unless(만약 …하지 않는다면(= if ... not))
I will attend the party **unless** I am busy. **만약** 내가 바쁘**지 않으면** 그 파티에 참석할 것이다.
(= I will attend the party **if** I am **not** busy.)

※ 조건이나 시간을 나타내는 부사절에서는 미래의 일이라도 미래시제를 쓰지 않고 현재시제를 쓴다.
If I **see** John tomorrow, I'll ask him to return my book.
내가 내일 John을 본다면, 그에게 내 책을 돌려달라고 요청할 것이다.

4 **양보를 나타내는 접속사:** though[although] (…에도 불구하고, 비록 … 하지만)

독해 비법 접속사 as의 다양한 의미

1 …할 때: **As** I opened the door, the telephone rang. 내가 문을 열었을 **때**, 전화가 울렸다.

2 …때문에: She quit her job, **as** she hated it. 그녀는 자기 직업이 너무 싫었기 **때문에** 그만뒀다.

3 …함에 따라: **As** time went by, the old man got weaker. 시간이 지**남에 따라**, 그 노인은 더욱 약해졌다.

4 …와 같이, …대로: They did **as** I asked them. 그들은 내가 요청한 **대로** 했다.

Check-up 우리말과 일치하도록 알맞은 접속사를 고르고 (   ) 안의 말을 이용하여 문장을 완성하시오.

1 Susan이 올 때까지, 우리는 출발하지 않을 것이다. (come)
(After, Until) ________________________, we won't start.

2 내일 비가 오지 않는다면, 우리는 야구를 할 것이다. (it, rain)
(Unless, As) ________________________ tomorrow, we will play baseball.

3 그 책은 비싸기 때문에, 나는 도서관에서 그것을 빌릴 것이다. (the book, expensive)
(If, Because) ________________________, I will borrow it from the library.

4 비록 Jenny는 똑똑하지만, 이 간단한 문제를 풀지 못했다. (smart)
(Though, Since)________________________, she couldn't solve this simple problem.

C 주의해야 할 접속사 용법

1 **That** he is a genius is true.
(= **It** is true **that** he is a genius.)
I think **(that)** my parents are too strict.
The problem is **that** my car doesn't work.

2 She knows **where** *the bakery is*.
(← She knows. + Where is the bakery?)
Can you tell me **when** *the movie starts*?
(← Can you tell me? + When does the movie start?)

1 그가 천재인 것은 사실이다.
나는 나의 부모님이 지나치게 엄격하시다고 생각한다.
문제는 내 차가 작동하지 않는다는 것이다.
2 그녀는 그 빵집이 어디에 있는지를 알고 있다.
언제 영화가 시작하는지를 내게 말해 줄래?

1 접속사 that

- 문장에서 주어·목적어·보어 역할을 하는 절을 이끌 수 있음 (목적어절을 이끄는 that은 생략 가능함)
- 주어로 쓰인 that절은 보통 가주어 it을 사용해서 나타냄

2 접속사 역할을 하는 의문사

- 의문사가 접속사처럼 두 문장을 연결할 수 있으며, 「의문사 + 주어 + 동사」의 어순으로 씀

Check-up 다음 빈칸에 알맞은 말을 〈보기〉에서 골라 쓰시오.

〈보기〉	that	when	where	why

1 We wonder ________ he came from.

2 Do you know ________ Tom's birthday is?

3 His opinion is ________ all people are equal.

Sentence Writing with Grammar

우리말과 일치하도록 ( ) 안의 말을 이용하여 문장을 완성하시오.

1 Jim은 시금치를 좋아하지만, Sam은 그것을 매우 싫어한다. (hate)

Jim likes spinach, ______________________________.

▶ 문법적으로 대등한 역할을 하는 단어와 단어, 구와 구, 절과 절, 문장과 문장을 이어주는 역할을 하면서 '그러나'의 의미를 나타낼 때는 접속사 but을 쓴다.

2 나는 피자 혹은 파스타를 주문할 것이다. (order, pasta, pizza)

I will ______________________________.

▶ 문법적으로 대등한 역할을 하는 단어와 단어, 구와 구, 절과 절, 문장과 문장을 이어주는 역할을 하면서 '혹은', '또는'의 의미를 나타낼 때는 접속사 or를 쓴다.

3 우리 나가기 전에 일기 예보를 확인해 보자. (go out)

Let's check the weather forecast ______________________________.

▶ before는 시간을 나타내는 종속 접속사로 '…하기 전에'의 의미이다.

4 Kevin은 너무 많이 먹었기 때문에, 배가 아팠다. (eat, too much)

______________________________, he had a stomachache.

▶ because, as, since는 이유를 나타내는 종속 접속사로 '…이기 때문에'의 의미이다.

5 네가 성공하고 싶으면, 열심히 공부해야 한다. (want, succeed)

______________________________, you should study hard.

▶ if는 조건을 나타내는 종속 접속사로 '만약 …라면'의 의미이다.

6 그들은 에어컨을 가지고 있음에도 불구하고, 그것을 거의 사용하지 않는다. (have, an air conditioner)

______________________________, they hardly use it.

▶ though[although]는 종속 접속사로 '…에도 불구하고', '비록 …하지만'의 의미이다.

7 내가 이 시험에 통과할 수 있다는 것은 분명하다. (can, pass, the test)

It is obvious ______________________________.

▶ 접속사 that은 문장에서 명사절을 이끌 수 있다. 주어로 쓰인 that절은 보통 가주어 it을 사용해서 나타낸다.

8 아무도 왜 Sue가 일찍 집에 갔는지 모른다. (go home, early)

No one knows ______________________________.

▶ 의문사가 접속사처럼 두 문장을 연결할 수 있으며, 「의문사+주어+동사」의 어순으로 쓴다.

Basic Reading

A

Dolphins are very interesting animals. They look like fish, ___(A)___ they are not fish. Fish can live under the sea, **but** dolphins cannot. They can stay under the sea for a long time, **but** they have to come up ___(B)___ they need air. Fish lay eggs, **but** dolphins have babies. The babies drink their mothers' milk like other mammals.

*mammal 포유동물

A
- 등위 접속사
- 종속 접속사

dolphin [dálfin] 명 돌고래
lay [lei] 동 (알을) 낳다
have [həv] 동 가지다; *(아기를) 낳다

1 위 글의 제목으로 가장 알맞은 것은?

① 돌고래의 번식 방법
② 돌고래의 먹이 사냥법
③ 돌고래의 강한 모성애
④ 돌고래와 물고기의 차이점
⑤ 돌고래의 뛰어난 잠수 실력

2 위 글의 빈칸 (A)와 (B)에 들어갈 말이 바르게 짝지어진 것은?

	(A)	(B)		(A)	(B)
①	and	after	②	and	because
③	but	after	④	but	because
⑤	or	because			

B

Putting candles on birthday cakes is a fun tradition. But nobody is sure **how** it started! Some believe ___(A)___ the ancient Greeks started it. They honored the moon goddess Artemis with cakes **and** candles. Others argue ___(B)___ it comes from Germany. The Germans invented birthday cakes in the 17th century. They had a tradition of putting a single candle on a birthday cake.

*Artemis 아르테미스 (그리스 신화의 달과 사냥의 여신)

B
- 주의해야 할 접속사 용법
- 등위 접속사

candle [kǽndl] 명 양초
ancient [éinʃənt] 형 고대의
Greek [gri:k] 명 그리스인
honor [ánər] 동 명예를 주다; *숭배하다
goddess [gádis] 명 여신
argue [á:rgju:] 동 주장하다
Germany [dʒə́:rməni] 명 독일
German [dʒə́:rmən] 명 독일인

1 위 글의 빈칸 (A)와 (B)에 공통으로 들어갈 접속사를 쓰시오.

01

______________________________ Dan, Jessica, **and** Kevin are sharing their answers to this question.

Dan: ① Although some information online might be helpful, not all the information there is true. Some people post false information, **and** others may believe it. I think ② that online information can sometimes cause a lot of problems.

Jessica: I personally find the information on the Internet very useful. I also think **that** shared information is usually right. ③ If I wanted a new cell phone, I read the opinions of many people online. That helped me choose the best phone.

Kevin: ④ When people post something on the Internet, no one knows ⑤ who they are. So many people misuse it. I have often seen people spread rumors about others online. Entertainers can easily become victims of this. Many have been hurt by false information on the Internet.

1 위 글의 빈칸에 들어갈 말로 가장 알맞은 것은?

① Do you like to post things online?
② How can the Internet harm people?
③ Can Internet shopping save you money?
④ Should people use their real names online?
⑤ Do you think online information is trustworthy?

2 Dan, Jessica, Kevin 중 의견이 유사한 두 사람의 이름을 쓰시오.

3 위 글의 밑줄 친 ①~⑤ 중 어법상 틀린 것은?

① ② ③ ④ ⑤

post[poust] 동 게시하다 false[fɔːls] 형 틀린, 사실이 아닌 cause[kɔːz] 동 …을 야기하다 personally[pə́ːrsənəli] 부 개인적으로 misuse[misjúːs] 동 오용[악용]하다 spread[spred] 동 퍼뜨리다 rumor[rúːmər] 명 소문 entertainer[èntərtéinər] 명 연예인 victim[víktim] 명 피해자 [문제] harm[hɑːrm] 동 해치다; *해를 끼치다 trustworthy[trʌ́stwə̀ːrði] 형 신뢰할 수 있는

02

Most banks keep people's money. However, one Italian bank doesn't have any money. It only has 300,000 wheels of parmesan cheese. In total, they are worth $200 million. (A) * [Since / Before] parmesan cheese takes two years to age, the cheesemakers have to wait to sell it. *This means, **until** they sell the cheese, they have no money **and** can't make new cheese.

To solve this problem, the bank holds the cheese as security **and** lends some money to the cheesemakers. With this money, they can buy new ingredients **and** keep working. (B) * [When / Though] the cheese in the bank is ready to sell, the bank gets their money back, plus 3% interest. (C) * [Until / While] the bank keeps the cheese safe **and** makes some money, the cheesemakers don't have to stop making cheese. This is a win-win situation for both of them.

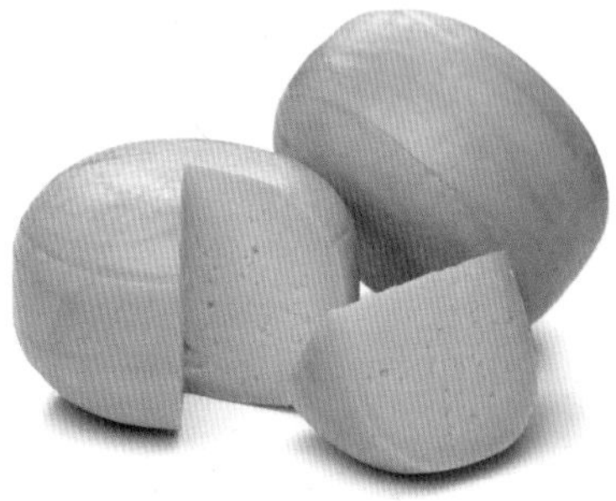

*parmesan cheese 파르메산 치즈(아주 단단한 이탈리아 치즈)
*security 담보

1 위 글의 (A), (B), (C) 각 네모 안에서 어법에 맞는 표현이 바르게 짝지어진 것은?

	(A)	(B)	(C)
①	Since	When	Until
②	Since	When	While
③	Since	Though	While
④	Before	When	Until
⑤	Before	Though	While

2 위 글에서 언급된 내용이 <u>아닌</u> 것은?

① 파르메산 치즈의 경제적 가치
② 파르메산 치즈의 숙성 기간
③ 치즈 제조업자들이 치즈를 은행에 맡기는 이유
④ 은행이 치즈를 보관하는 방법
⑤ 은행이 치즈를 담보로 얻는 이득

3 위 글에서 별표(*)가 표시된 문장을 모두 해석하시오.

Italian [itǽljən] 형 이탈리아의 wheel [hwiːl] 명 바퀴; *바퀴 모양의 치즈 덩어리 worth [wəːrθ] 형 …의 가치가 있는 million [míljən] 명 100만 age [eidʒ] 동 나이가 들다; *숙성하다 lend [lend] 동 빌려주다 ingredient [ingríːdiənt] 명 재료 interest [íntərəst] 명 관심; *이자 win-win (관련된) 모두에게 유리한 situation [sìtʃuéiʃən] 명 상황

Word Review

다음 영어 단어의 우리말 뜻을 적으시오.

1 sold out ____________________

2 roof ____________________

3 tail ____________________

4 trust ____________________

5 report card ____________________

6 terrible ____________________

7 absence ____________________

8 crimc ____________________

9 unbelievable ____________________

10 form ____________________

11 breathe ____________________

12 similar ____________________

13 common ____________________

14 survive ____________________

15 social ____________________

16 improve ____________________

17 nervous ____________________

18 interact ____________________

19 bloom ____________________

20 assistant ____________________

21 complain ____________________

22 meaningless ____________________

23 carry ____________________

24 leather ____________________

25 thread ____________________

26 add ____________________

27 profit ____________________

28 generous ____________________

29 precious ____________________

30 candle ____________________

31 ancient ____________________

32 post ____________________

33 false ____________________

34 misuse ____________________

35 victim ____________________

36 trustworthy ____________________

37 worth ____________________

38 ingredient ____________________

39 interest ____________________

40 situation ____________________

Chapter 4

중요구문

Unit 1 형용사와 부사
Unit 2 비교표현
Unit 3 대명사

UNIT 1 | 형용사와 부사

A 수량 형용사

1 1) She has **a few** *friends*.
Mike needs **a little** *advice*.
2) There are **few** *cars* on the road.
We had **little** *rain* last summer.
3) There are **many[a lot of/lots of]** flowers in the box.
I am busy, so I don't have **much[a lot of/lots of]** time.

1 1) 그녀는 친구가 조금 있다.
Mike는 약간의 조언이 필요하다.
2) 도로 위에 차가 거의 없다.
작년 여름에 비가 거의 오지 않았다.
3) 상자 안에 많은 꽃들이 있다.
나는 바빠서 시간이 많지 않다.

1 수량 형용사의 종류

	셀 수 있는 명사	셀 수 없는 명사	모든 명사
조금 있는 (긍정적)	a few	a little	-
거의 없는 (부정적)	few	little	-
많은	many	much	a lot of[lots of]

Check-up 우리말과 일치하도록 〈보기〉의 형용사와 ( ) 안의 말을 이용하여 문장을 완성하시오.

〈보기〉 a few a little few little many much

1 나는 물을 많이 마시지 않는다. (water)
I don't drink ____________________.

2 컵에 우유가 조금 있었다. (milk)
There was ____________________ in the cup.

3 거리에 사람들이 거의 없다. (people)
There are ____________________ in the street.

4 나는 내 친구들로부터 많은 선물을 받았다. (gift)
I received ____________________ from my friends.

B 다양한 형용사 수식

1 Is there *anything* **interesting** in the news?
2 **All** *the books* in this library are useful.
3 I know **every** *guest* in this room.
Each *student* will have a mentor.
4 I have never seen *such a* **brave** *man*.
= I have never seen *so* **brave** *a man*.

1 뉴스에 흥미로운 것이 있니?
2 이 도서관에 있는 모든 책은 유용하다.
3 나는 이 방의 모든 손님을 안다.
각각의 학생은 멘토를 갖게 될 것이다.
4 나는 그만큼 용감한 사람을 본 적이 없다.

1 「**-thing/-one/-body로 끝나는 대명사+형용사**」

2 「**all+정관사/지시대명사/소유격+명사**」

3 「**every+단수명사**」**:** '모든 …' / 「**each+단수명사**」**:** '각각의 …'

4 「**such+a(n)+형용사+명사**」, 「**so+형용사+a(n)+명사**」**:** '그런 … ', '그만큼 …한 ~', '너무나 …한 ~'

Check-up 우리말과 일치하도록 (   ) 안의 말을 바르게 배열하여 문장을 완성하시오.

1 모든 사람은 결국 죽는다. (dies, person, every)
______________________________ in the end.

2 그는 그의 모든 용돈을 써버렸다. (all, pocket money, his)
He has spent ______________________________.

3 나는 달콤한 무언가를 먹고 싶다. (something, eat, sweet)
I want to ______________________________.

4 그런 똑똑한 소년을 찾는 것은 어렵다. (a, such, boy, smart)
It's hard to find ______________________________.

C 동사+부사

1 If you feel cold, **put** *your coat* **on**.
= If you feel cold, **put on** *your coat*.

2 If you feel cold, **put** *it* **on**.

1 만약 네가 춥다고 느끼면, 네 코트를 입어라.
2 만약 네가 춥다고 느끼면, 그것을 입어라.

1 「**동사+부사**」**의 목적어가 명사인 경우:** 「동사+명사+부사」 또는 「동사+부사+명사」

2 「**동사+부사**」**의 목적어가 대명사인 경우:** 「동사+대명사+부사」 (*cf.* If you feel cold, **put on** *it*. (X))

※ 다양한 동사+부사 표현

pick up '집어 올리다'	turn on '(전기 등을) 켜다'	throw away '버리다'
put down '내려놓다'	turn off '(전기 등을) 끄다'	pay back '(돈을) 돌려주다'
put on '(옷 등을) 입다'	turn up '(소리 등을) 키우다'	try on '(옷 등을) 입어 보다'
take off '(옷 등을) 벗다'	turn down '(소리 등을) 줄이다'	find out '(사실 등을) 알아 내다'

Check-up 우리말과 일치하도록 (   ) 안의 말을 이용하여 문장을 완성하시오.

1 그것을 내려놔 주세요. (put down, it)
Please ______________________________.

2 제가 이것을 입어봐도 될까요? (try on, this)
Can I ______________________________?

3 나는 내 셔츠를 벗어야겠다. (take off, my shirt)
I need to ______________________________.

4 너는 그 낡은 소파를 버리는 게 낫겠다. (throw away, the old sofa)
You had better ______________________________.

Sentence Writing with Grammar

우리말과 일치하도록 (   ) 안의 말을 이용하여 문장을 완성하시오.

1 너는 이 강에서 물고기를 조금 발견할 수 있다. (find, few, fish)

You can ______________________________ in this river.

▶ '조금 있는'이라는 의미를 나타낼 때, 셀 수 있는 명사 앞에는 a few를 쓴다.

2 낭비할 시간이 거의 없다. (there, little, time)

______________________________ to waste.

▶ '거의 없는'이라는 의미를 나타낼 때, 셀 수 없는 명사 앞에는 little을 쓴다.

3 그는 돈은 많이 없지만, 많은 친구들을 가지고 있다. (have, money, friends)

__________________, but he __________________.

▶ '많은'이라는 의미를 나타낼 때, 셀 수 있는 명사 앞에는 many를 쓰고, 셀 수 없는 명사 앞에는 much를 쓴다. 모든 명사 앞에는 a lot of와 lots of를 쓸 수 있다.

4 네 생일 때 너는 의미 있는 무언가를 했니? (meaningful, anything)

______________________________ on your birthday?

▶ 형용사가 -thing, -one, -body로 끝나는 대명사를 수식할 때 대명사 뒤에 위치한다.

5 이 모든 카메라들이 할인 중이다. (this, camera, be, on sale)

____

▶ all은 「all + 정관사 / 지시대명사 / 소유격 + 명사」의 어순으로 쓴다.

6 각각의 바구니는 그 안에 공을 하나 가지고 있다. (basket, have, a ball)

______________________________ in it.

▶ '각각(의)…'라는 의미를 나타낼 때는 「each + 단수명사」를 쓴다.

7 나는 그런 친절한 사람을 이전에 만난 적이 없다. (meet, such, friendly, person)

I have never ______________________________ before.

▶ '그런…', '그만큼 …한 ~', '너무나 …한 ~'이라는 의미는 「such + a(n) + 형용사 + 명사」로 쓴다. 이는 「so + 형용사 + a(n) + 명사」로 바꿔 쓸 수 있다.

8 불을 좀 꺼 주시겠습니까? (turn, off, the light)

Would you ______________________________?

▶ 「동사 + 부사」의 목적어가 명사인 경우, 목적어는 동사와 부사 사이 혹은 부사 뒤에 위치한다.

Basic Reading

A

당신이 무서운 어떤 것을 들을 때, your brain **sends out** warning signals to your body. Your hairs stand up and **pull up** the skin. Then you can see small bumps on your skin. People call them goose bumps because they look like goose skin. Animals can also have the same reaction. For example, when cats feel afraid, their hairs stand up and they get goose bumps.

A
- 동사+부사
- 다양한 형용사 수식

warning [wɔ́ːrniŋ] 명 경고
signal [sígnəl] 명 신호
skin [skin] 명 피부
bump [bʌmp] 명 튀어나온 부분
goose [guːs] 명 거위
reaction [riǽkʃən] 명 반응

서술형

1 위 글의 밑줄 친 우리말에 맞게 ( ) 안에 주어진 단어를 바르게 배열하시오.

When ______________________ (scary, you, hear, something)

2 goose bumps에 대해 위 글의 내용과 일치하면 T, 그렇지 않으면 F를 쓰시오.

(1) 거위의 피부와 비슷해 보여서 붙여진 이름이다. ________
(2) 사람에게만 발생하는 특이한 현상이다. ________

B

Some people are always checking their cell phones. It is an annoying habit, but there is a reason why people do it. It feels good to receive a text message or an email. It is **something new**, and sometimes it is **something exciting**. When we get used to **such a good feeling**, it is like an addiction. How often do you check your cell phone?

B
다양한 형용사 수식

annoying [ənɔ́iiŋ] 형 짜증스러운
addiction [ədíkʃən] 명 중독

1 위 글의 주제로 가장 알맞은 것은?

① 폐 휴대전화를 재활용하는 법
② 휴대전화를 빨리 충전하는 비법
③ 휴대전화로 이메일을 보내는 방법
④ 사람들이 휴대전화를 자주 확인하는 이유
⑤ 휴대전화의 전자파가 사람들에게 미치는 영향

서술형

2 위 글의 밑줄 친 부분과 같은 뜻이 되도록 ( ) 안에 주어진 단어를 바르게 배열하시오.

______________________ (so, a, good, feeling)

Actual Reading

01

In Cateura, Paraguay, people live on top of a huge landfill. They are very poor and make a living by looking through the trash. In the past, the local children had __________ things to do. Many of them believed there wasn't any hope. But then, a musician named Favio Chavez came up with an idea. *He thought the trash could be **something useful** for the children. So he and Nicolas Gomez, an instrument maker, started turning trash into musical instruments! They made violins, guitars, and other instruments out of things like pipes and oil drums. *Thanks to them, **each** child can have his or her own instrument. And Chavez teaches them how to play. This "Recycled Orchestra" program provides children in Cateura with not only joy but also great hope.

*landfill 쓰레기 매립지

1 위 글의 제목으로 가장 알맞은 것은?

① How to Make Recycled Instruments
② Cateura's Poor Children Without Hope
③ Cateura: The Largest Landfill in the World
④ Providing Hope Through Music in Cateura
⑤ Favio Chavez: The Musical Genius from Paraguay

2 위 글의 빈칸에 들어갈 말로 가장 알맞은 것은?

① few ② a few ③ little ④ a little ⑤ a lot of

3 위 글에서 별표(*)가 표시된 문장을 모두 해석하시오.

look through 검토하다; *뒤지다 local[lóukəl] ⓗ 지역의, 현지의 hope[houp] ⓓ 바라다, 희망하다 ⓜ *희망 musician[mjuːzíʃən] ⓜ 음악가 instrument[ínstrəmənt] ⓜ 기구, 도구; *악기 musical[mjúːzikəl] ⓗ 음악의 drum[drʌm] ⓜ 북, 드럼; *(원통형) 통 provide[prəváid] ⓓ 제공하다 joy[dʒɔi] ⓜ 기쁨, 즐거움 [문제] without[wiðáut] ⓙ … 없이

02

*You **pick up** a food product. There is a date on the package. You think it is an expiration date. If the date has passed, (away, you, it, throw), thinking it isn't safe to eat. However, that is not always true. *There can be **many** kinds of dates on a package, depending on the country.

There are three common types — "sell by," "best before," and "use by." "Sell by" dates tell stores when to sell things. They aren't about food safety. "Best before" dates are about the quality. When the date passes, the food is less fresh, not unsafe. "Use by" shows something is unsafe after the date.

So next time you look around the store, check what the date on the package really means.

*expiration date 유통기한

서술형

1 위 글의 (　　) 안에 주어진 단어를 바르게 배열하여 문장을 완성하시오.

2 위 글의 내용과 일치하지 않는 것은?

① 상품에 표시된 날짜가 지났다고 다 버려야 하는 것은 아니다.
② 나라마다 상품에 날짜를 표기하는 방법이 다를 수 있다.
③ 'sell by'는 언제까지 상품을 팔 수 있는지를 나타낸다.
④ 'best before' 날짜가 지나도 상품의 안전성에 문제가 없을 수 있다.
⑤ 'use by'는 상품을 진열할 수 있는 기간을 나타낸다.

3 위 글에서 별표(*)가 표시된 문장을 모두 해석하시오.

date [deit] 명 날짜　pass [pæs] 동 (때가) 지나다　safe [seif] 형 안전한 (명 safety)　depending on …에 따라　common [kámən] 형 흔한　quality [kwáləti] 명 질　unsafe [ʌnséif] 형 안전하지 못한

UNIT 2 | 비교표현

A 원급, 비교급, 최상급

1 This hamburger is **as big as** my face.
My bag is **not as[so] light as** your bag.
2 These shoes are **more comfortable than** those.
An elephant is *much* **bigger than** a mouse.
3 This is **the most difficult** *of* all the questions.
That old woman is **the wisest** person *in* this town.

1 이 햄버거가 나의 얼굴만큼 크다.
내 가방은 네 가방만큼 가볍지 않다.
2 이 신발은 저것보다 더 편하다.
코끼리는 쥐보다 훨씬 더 크다.
3 이것은 모든 문제 중에 가장 어렵다.
저 노부인이 이 마을에서 가장 현명한 사람이다.

1 **원급:** 「as + 형용사/부사의 원급 + as …」 '…만큼 ~한[하게]'
• 부정문: 「not as[so] + 형용사/부사의 원급 + as …」 '…만큼 ~하지 않은[않게]'
2 **비교급:** 「비교급 + than …」 '…보다 더 ~한[하게]'
※ 비교급 강조: 「much, a lot, far, even + 비교급」 '훨씬 더 …한[하게]'
3 **최상급:** 「the + 최상급」 '가장 …한[하게]'
※ 「the + 최상급 + in + 장소 또는 범위를 나타내는 단수명사」 / 「the + 최상급 + of + 비교대상이 되는 복수명사」

※ 비교급·최상급 만드는 법
1) 대부분의 경우: 형용사/부사 + -(e)r/-(e)st (예) slow-slow**er**-slow**est**, large-large**r**-large**st**
2) 「자음 + y」로 끝나는 경우: y를 i로 고치고 + -er/-est (예) happy-happ**ier**-happ**iest**
3) 「단모음 + 단자음」으로 끝나는 경우: 자음을 한 번 더 쓰고 + -er/-est (예) big-big**ger**-big**gest**
4) -ful, -ous, -ing, -ive 등으로 끝나는 대부분의 2음절어와 3음절 이상인 경우: more/most + 형용사/부사
(예) dangerous-**more** dangerous-**most** dangerous
5) 불규칙 변화: (예) many/much-**more**-**most**, good/well-**better**-**best**, bad-**worse**-**worst**, little-**less**-**least**

Check-up 다음 ( ) 안의 말을 이용하여 빈칸을 채우시오.

1 James is 60 years old. Kevin is 100 years old.
→ James is ____________________ Kevin. (old)
→ James is ____________________ Kevin. (young)
2 Beijing is 20°C. Tokyo is 20°C. Moscow is 10°C.
→ Beijing is ____________________ Tokyo. (warm)
→ Tokyo is ____________________ Moscow. (hot)
→ Moscow is ____________________ of all three cities. (cold)
3 Car A is $2,500. Car B is $3,000. Car C is $4,000.
→ Car A is ____________________ Car B. (cheap)
→ Car B is ____________________ Car A. (expensive)
→ Car C costs ____________________ of all three cars. (much)

B 비교 구문을 이용한 표현

1 This book is **ten times as thick as** that one.
(= This book is **ten times thicker than** that one.)
2 Finish your homework **as soon as possible**.
(= Finish your homework **as soon as you can**.)
3 **The more** you practice, **the better** you can skate.
4 The weather is getting **colder and colder**.
5 **Which** do you like **better**, chicken **or** fish?
6 Soccer is **one of the most popular sports** in Korea.

1 이 책은 저것보다 열 배 더 두껍다.
2 가능한 한 빨리 숙제를 끝내라.
3 연습을 하면 할수록 너는 스케이트를 더 잘 탈 수 있다.
4 날씨가 점점 더 추워지고 있다.
5 닭고기와 생선 중에 너는 어떤 것이 더 좋니?
6 축구는 한국에서 가장 인기 있는 스포츠 중 하나이다.

1 **「배수사+as+원급+as …」:** '…보다 몇 배만큼 ~하다' (=「배수사+비교급+than …」)
※ 배수사: twice, three times와 같이 '…배'에 해당하는 말
2 **「as+원급+as possible」:** '가능한 한 …한[하게]' (=「as+원급+as+주어+can」)
3 **「the+비교급, the+비교급」:** '…하면 할수록 더 ~한[하게]'
4 **「비교급+and+비교급」:** '점점 더 …한[하게]'
※ 비교급이 「more+형용사/부사」인 경우에는 「more and more+형용사/부사」로 씀
The story got **more and more interesting**. 그 이야기는 **점점 더 재미있어**졌다.
5 **「Which[Who] … 비교급, A or B?」:** 'A와 B중에서 어느 것이[누가] 더 …한가?'
6 **「one of the+최상급+복수명사」:** '가장 …한 것들 중의 하나'

Check-up 우리말과 일치하도록 (   ) 안의 말을 이용하여 문장을 완성하시오.

1 나는 가능한 한 큰소리로 소리쳤다. (loudly, possible)
I shouted ____________________.
2 그는 나보다 두 배나 더 많이 번다. (twice, as, much)
He earns ____________________ me.
3 그녀의 머리카락이 점점 더 길어진다. (long)
Her hair is getting ____________________.
4 Tom과 Ron 중에 누가 더 키가 크니? (tall)
Who is ____________, Tom ____________ Ron?
5 Emma는 미국에서 가장 유명한 모델들 중의 한 명이다. (famous, model)
Emma is ____________________ in the U.S.
6 너는 가능한 한 빨리 집에 돌아와야 한다. (soon, can)
You should come back home ____________________.
7 네가 더 높이 갈수록, 공기는 더 차가워진다. (high, cool)
____________ you go, ____________ the air becomes.
8 그 가수의 최신 노래는 그를 점점 더 인기 있게 만들고 있다. (popular)
The singer's latest song is making him ____________________.

Sentence Writing with Grammar

우리말과 일치하도록 (   ) 안의 말을 이용하여 문장을 완성하시오.

1 부산은 서울만큼 크지 않다. (Busan, large, Seoul)

____

▶ '…만큼 ~하지 않은[않게]'라는 의미의 원급 비교표현은 「not as[so]+형용사/부사의 원급+as …」를 쓴다.

2 이 상자는 저 상자보다 훨씬 더 무겁다. (box, heavy)

____

▶ '…보다 더 ~한[하게]'라는 의미의 비교급은 「비교급+than…」을 쓴다. 「자음+y」로 끝나는 형용사/부사의 비교급은 y를 i로 고치고 -er를 붙이며, 비교급 앞에 much, a lot, far, even을 써서 강조를 나타낼 수 있다.

3 나는 내 조카보다 네 배나 더 나이가 많다. (four times, old, nephew)

____

▶ '…보다 몇 배만큼 ~하다'라는 의미를 나타낼 때 「배수사+as+원급+as …」 혹은 「배수사+비교급+than …」을 쓴다.

4 그녀는 가능한 한 빨리 걸었다. (walk, fast)

____

▶ '가능한 한 …한[하게]'라는 의미를 나타낼 때 「as+원급+as possible」 혹은 「as+원급+as+주어+can」을 쓴다.

5 그는 나이가 들면 들수록 더욱 외롭게 느껴진다. (old, get, lonely, feel)

____

▶ '…하면 할수록 더 ~한[하게]'라는 의미를 나타낼 때 「the+비교급, the+비교급」을 쓴다.

6 낮이 점점 더 길어지고 있다. (the days, become, long)

____

▶ '점점 더 …한[하게]'라는 의미를 나타낼 때 「비교급+and+비교급」을 쓴다.

7 스키 타는 것과 스케이트 타는 것 중 너는 어느 것을 더 좋아하니? (like, skiing, skating)

____

▶ 'A와 B중에서 어느 것이[누가] 더 …한가?'라는 의미를 나타낼 때 「Which[Who] … 비교급, A or B?」를 쓴다.

8 Shanghai Tower는 세계에서 가장 높은 탑들 중의 하나이다. (tall, tower)

______________________________ in the world.

▶ '가장 …한 것들 중의 하나'라는 의미를 나타낼 때 「one of the+최상급+복수명사」를 쓴다.

Basic Reading

A

Recently, a 5.6 carat blue diamond ring sold for about $9.6 million. That's one of (A) high prices ever for a diamond. Besides its big size, its color increased its price. Colored diamonds are usually (B) expensive than white ones because they are beautiful and very hard to find. They can be blue, red, pink, or black. But miners rarely find them.

*carat 캐럿 (다이아몬드 등 보석류의 무게 단위)

A
- 원급, 비교급, 최상급
- 비교 구문을 이용한 표현

recently [rí:sntli] ㊥ 최근에
increase [inkrí:s] ㊮ 증가하다; *증가[인상]시키다
colored [kʌ́lərd] ㊯ 색깔이 있는
miner [máinər] ㊩ 광부
rarely [rɛ́ərli] ㊥ 드물게, 좀처럼 …하지 않는

1 **위 글의 밑줄 친 (A)와 (B)를 알맞은 형태로 고쳐 쓰시오.**

(A) ______________ (B) ______________

B

In India, women have **fewer** jobs **than** men. Many Indian companies don't hire women. Some women have jobs, but they often get **less** pay **than** their male coworkers. However, this is not true for women pilots. India has **the highest number of women pilots** in the world. 그것은 인도에서 항공 여행이 점점 더 인기가 많아지고 있기 때문이다. Airlines need **more** pilots, so they are hiring **as many** pilots **as possible**, including women. Airlines give women the same pay as men. So it is **one of the best jobs** for women in India.

B
- 원급, 비교급, 최상급
- 비교 구문을 이용한 표현

hire [haiər] ㊮ 고용하다
pay [pei] ㊩ 임금
male [meil] ㊯ 남성의
coworker [kóuwə̀:rkər] ㊩ 동료
airline [ɛ́ərlàin] ㊩ 항공사

1 **위 글의 내용과 일치하면 T, 그렇지 않으면 F를 쓰시오.**

(1) 대부분의 인도 여성 근로자들은 남성들과 임금이 비슷하다. ________

(2) 조종사는 인도 여성들에게 가장 좋은 직업 중 하나이다. ________

서술형

2 **위 글의 밑줄 친 우리말에 맞게 ( ) 안에 주어진 단어를 이용하여 문장을 완성하시오.**

This is because air travel is becoming ______________________ in India. (popular)

Actual Reading

01

Have you noticed that polar bears and arctic hares have bodies that look a little round? Their arms, legs, and even ears are quite short. *In fact, this is **one of the most common features** of animals living in cold climates.

In 1877, the American biologist Joel Allen compared some animals in cold climates with the same animals in warm climates. *He found that animals in **colder** environments have **shorter** arms, legs, tails, and ears. This helps stop body heat from escaping because most heat is lost near the body's surface. <u>동물의 표면적이 더 클수록, 그 동물은 더 빨리 체열을 잃을 것이다.</u> So, that's why animals in cold climates have bodies that are short rather than long.

*polar bear 북극곰
*arctic hare 북극토끼

1 위 글의 주제로 가장 알맞은 것은?

① 남극과 북극의 동물 비교
② 동물들이 겨울잠을 자는 이유
③ 동물의 종과 체온의 상관 관계
④ 남극에서 발견된 새로운 종의 동물
⑤ 추운 지역에 사는 동물들의 생존방식

서술형

2 위 글의 밑줄 친 우리말에 맞게 (   ) 안에 주어진 단어를 이용하여 문장을 완성하시오.

_______________ an animal's surface area is, _______________ the animal will lose body heat. (large, fast)

3 위 글에서 별표(*)가 표시된 문장을 모두 해석하시오.

notice[nóutis] 동 알아차리다 round[raund] 형 둥근 feature[fíːtʃər] 명 특색, 특징 biologist[baiάlədʒist] 명 생물학자 compare [kəmpέər] 동 비교하다 environment[inváiərənmənt] 명 환경 heat[hiːt] 명 열 escape[iskéip] 동 달아나다; *새어 나가다 surface [sə́ːrfis] 명 표면

02

Mt. Everest is ① the tallest mountain in the world. Climbing it once is a big accomplishment. Twice is ② very more amazing. A third time would be ③ the most amazing accomplishment ever. That's just what 80-year-old Yuichiro Miura did.

He became ④ the oldest person to climb the mountain when he was 70 years old. Then he climbed it again at 75 and finally at 80. However, even before he climbed the mountain, Miura was the first person to ski down Everest. At that time, he was just 37.

What is ⑤ more surprising about Miura and his accomplishments is that he has heart problems. It could be very dangerous for him to climb a mountain. Then why does he take such big chances? It's because he loves ________ very much!

1 Yuichiro Miura에 관한 설명 중 위 글의 내용과 일치하지 않는 것은?

① 에베레스트 산을 3번 등반했다.
② 에베레스트 산을 등반한 최고령자이다.
③ 30대에 처음으로 에베레스트 산 등반에 성공했다.
④ 에베레스트 산을 스키를 타고 내려온 적이 있다.
⑤ 심장에 문제가 있는 상태에서 에베레스트 산을 올랐다.

2 위 글의 빈칸에 들어갈 말로 가장 알맞은 것은?

① hope ② youth ③ safety
④ health ⑤ challenges

3 위 글의 밑줄 친 ①~⑤ 중 어법상 틀린 것은?

① ② ③ ④ ⑤

climb [klaim] ⓓ 오르다, 등반하다 accomplishment [əkámpliʃmənt] ⓝ 업적, 공적 amazing [əméiziŋ] ⓐ 놀라운 heart problem 심장병 chance [tʃæns] ⓝ 기회; *위험, 모험 [문제] youth [juːθ] ⓝ 젊음, 청춘 challenge [tʃǽlindʒ] ⓝ 도전

UNIT 3 | 대명사

A 부정대명사 1

1 I want a car. I will buy **one** soon.
2 **All** of them were surprised by the news.
3 Tim and Sue love summer. **Both** like swimming.
4 **Each** of the students has a different opinion.

1 나는 차를 원한다. 나는 곧 하나를 살 것이다.
2 그들 모두가 그 뉴스에 놀랐다.
3 Tim과 Sue는 여름을 매우 좋아한다. 둘 다 수영을 좋아한다.
4 각각의 학생들이 다른 의견을 가지고 있다.

• 부정대명사는 불특정한 사람이나 사물을 가리키는 대명사로, all, both, each, some 등은 부정형용사로도 사용됨

1 **one:** 앞에 나온 명사와 같은 종류의 사람이나 사물을 가리킬 때 (복수형 ones)
2 **all:** '모든 것[사람]', '전부' (all 뒤에 나오는 명사의 수에 동사의 수 일치)
3 **both:** '둘 다', '양쪽(의)' (복수 취급)
4 **each:** '각각(의)' (단수 취급)

Check-up 다음 ( ) 안에서 알맞은 부정대명사를 고르고, 각 문장을 해석하시오.

1 (All, One) of the juice in the cup was spilled.
→ 해석: ______________________
2 I have two sisters. (Both, Each) of them go to high school.
→ 해석: ______________________
3 My cell phone was broken, so I bought a new (one, each).
→ 해석: ______________________
4 Tom, Jerry, and I are friends. (Both, Each) of us lives in a different town.
→ 해석: ______________________

B 부정대명사 2

1 I don't like this color. Please show me **another**.
2 Here are two books. **One** is mine, and **the other** is yours.
3 **Some** like dogs, and **others** like cats.
4 Jack and Jessica love **each other**.
Friends should help **one another**.

1 나는 이 색깔이 싫어요. 다른 것을 보여주세요.
2 여기 책이 두 권 있다. 하나는 내 것이고, 다른 하나는 네 것이다.
3 어떤 사람들은 개를 좋아하고, 다른 어떤 사람들은 고양이를 좋아한다.
4 Jack과 Jessica는 서로 사랑한다.
친구들은 서로 도와야 한다.

1 **another:** (불특정한 하나를 가리켜) '또 하나 다른 것(의)', '또 하나(의)'
2 **one ... the other ~:** '(둘 중의) 하나는 … 다른 하나는 ~'

3 **some ... others ~:** '어떤 것[사람]들은 ··· 다른 어떤 것[사람]들은 ~'

※ some ... the others ~: '어떤 것[사람]들은 ··· 나머지 모든 것[사람]들은 ~'

Some are for this idea, but **the others** are against it. **어떤 이들**은 이 생각에 찬성하나, **나머지 모두**는 반대한다.

4 **each other, one another:** '서로'

• each other은 둘 사이, one another은 셋 이상 시 쓰이나, 종종 의미 차이 없이 쓰이기도 함

Check-up 우리말과 일치하도록 〈보기〉의 부정대명사를 이용하여 문장을 완성하시오.

〈보기〉	another	one	some	the other	others	the others	each other

1 Jake와 Amy는 더는 서로 만나지 않는다.

Jake and Amy don't see ______________ anymore.

2 그는 이미 두 개의 애플파이를 먹었다. 하지만 그는 또 하나를 주문했다.

He has already eaten two apple pies. But he ordered ______________.

3 나는 두 개의 가방을 가지고 있다. 하나는 검은 색이고, 다른 하나는 흰색이다.

I have two bags. ______________ is black, and ______________ is white.

4 우리 반에는 30명의 학생이 있다. 몇몇은 여기 있는데, 나머지 사람들은 어디에 있니?

There are 30 students in my class. ______________ are here, but where are ______________?

C 재귀대명사

1 She looked at **herself** in the mirror.

2 We like the man **himself**, not his wealth.

3 Mr. and Mrs. Smith live in this house **by themselves**.

1 그녀는 거울 속의 그녀 자신을 바라보았다.

2 우리는 그 남자 자체를 좋아하는 것이지 그의 재산을 좋아하는 것은 아니다.

3 Smith 부부는 이 집에서 그들끼리만 산다.

1 **재귀 용법:** 동작의 대상이 주어 자신일 때 사용하며, 동사나 전치사의 목적어로 쓰임 (생략 불가)

2 **강조 용법:** 주어·목적어·보어를 강조할 때 사용 (생략 가능)

3 **재귀대명사의 관용적 용법**

by oneself '혼자서' for oneself '혼자 힘으로' help oneself to '…을 마음껏 먹다'

beside oneself '제 정신이 아닌' between ourselves '우리끼리 이야기지만'

Check-up 우리말과 일치하도록 문장을 완성하시오.

1 어떤 것이든 마음껏 드세요.

Please ______________ anything.

2 내가 매니저와 직접 이야기하겠다.

I will speak to the manager ______________.

3 "날씨가 참 좋구나!"라고 Amy는 그녀 자신에게 말했다.

"What a nice day!" Amy said to ______________.

Sentence Writing with Grammar

우리말과 일치하도록 (　) 안의 말을 이용하여 문장을 완성하시오.

1 나는 지우개가 없다. 나에게 하나 빌려 줄래? (lend)

I don't have an eraser. Can ______________________________?

▶ 부정대명사 one은 앞에서 언급한 것과 같은 종류의 불특정한 것을 가리킬 때 사용한다.

2 그 학생들 각각이 다른 답을 제시했다. (of, the students, give, a different answer)

____

▶ each는 '각각(의)'라는 의미를 나타내며 단수 취급한다.

3 나는 다섯 권의 책을 읽었지만 나는 또 하나를 읽어야 한다. (have to)

I have read five books, but ______________________________.

▶ another은 불특정한 하나를 가리켜 '또 하나 다른 것(의)', '또 하나(의)'라는 의미를 나타낸다.

4 두 명의 음악가가 있다. 한 명은 피아니스트이고, 다른 한 명은 첼리스트이다. (a pianist, a cellist)

There are two musicians. ______________, and ______________.

▶ one ... the other ~는 '(둘 중의) 하나는 … 다른 하나는 ~'이라는 의미를 나타낸다.

5 어떤 사람들은 커피를 좋아하고, 다른 어떤 사람들은 녹차를 좋아한다. (like, coffee, green tea)

______________, and ______________.

▶ some ... others ~는 '어떤 것[사람]들은 … 다른 어떤 것[사람]들은 ~'이라는 의미를 나타낸다.

6 Cary와 나는 서로 신뢰한다. (trust)

____

▶ each other는 '서로'라는 의미를 나타낸다.

7 너는 너 자신을 돌보아야 한다. (should, take care of)

____

▶ 재귀대명사는 동작의 대상이 주어 자신일 때 사용하며, 동사나 전치사의 목적어로 쓰인다. 이때 재귀대명사는 생략할 수 없다.

8 Jason이 그 소식을 들었을 때, 그는 제정신이 아니었다. (be, beside)

When Jason heard the news, ______________________________.

▶ beside oneself는 '제정신이 아닌'이라는 의미를 나타낸다.

Basic Reading

A

Most birds fly away to escape danger. However, not every bird can fly. So how do those birds protect __________ from danger? Interestingly, **some** of them use their legs. The kiwi bird runs away quickly. It can run faster than a human! Emus, on the other hand, use their legs to jump into the air and kick at their attackers.

*Kiwi bird 키위 (새)
*Emu 에뮤 (새)

A
• 재귀대명사
• 부정대명사

most[moust] 형 대부분의
run away 도망가다
human[hjú:mən] 명 인간, 사람
kick[kik] 동 (발로) 차다
attacker[ətǽkər] 명 공격을 한 사람, 가해자

1 위 글의 빈칸에 알맞은 재귀대명사를 쓰시오.

____

B

Every year, new words are created. However, **some** are added to the dictionary and __________ aren't. Then how do dictionary writers choose new words for the dictionary? First, lots of different people must use the new words. Also, they must be found in writing and conversations. If people have used those new words for long enough, they are chosen for the dictionary.

B
부정대명사

create[kriéit] 동 창조하다
add[æd] 동 추가하다
dictionary[díkʃənèri] 명 사전
choose[tʃu:z] 동 선정하다
conversation[kɑ̀nvərséiʃən] 명 대화

1 위 글의 주제로 가장 알맞은 것은?

① 사전 집필자가 되는 방법
② 새 언어가 만들어지는 방법
③ 세계에서 가장 오래된 사전
④ 사전에 새 단어가 등재되는 기준
⑤ 시간에 따라 언어가 변하는 이유

2 위 글의 빈칸에 들어갈 말로 가장 알맞은 것은?

① one ② other ③ the other ④ others ⑤ another

01

When you see a beehive, there are usually a lot of bees in it. However, one is the biggest, and that is the queen bee. A bee's world is almost the same as a real kingdom. The queen bee rules the whole beehive. Only she can make baby bees. *__The other__ bees work for the queen and her babies. They fly around and bring food back to the hive.

There is usually only one queen in a beehive. *When **another** queen bee appears there, the old queen doesn't like it. **Both** want to be the queen, so they fight until ____(A)____ wins and ____(B)____ dies or flies away.

*beehive 벌집

1 위 글의 제목으로 가장 알맞은 것은?

① How Bees Make Honey
② Why Bees Live Together
③ How a Queen Bee Rules Her Kingdom
④ How Bees Communicate with Each Other
⑤ Why Only the Queen Bee Makes Baby Bees

2 위 글의 빈칸 (A)와 (B)에 들어갈 알맞은 말을 〈보기〉에서 골라 쓰시오.

〈보기〉 one	some	the other	the others

(A) __________ (B) __________

3 위 글에서 별표(*)가 표시된 문장을 모두 해석하시오.

almost [ɔ́ːlmoust] ㊫ 거의 kingdom [kíŋdəm] ㊕ 왕국 rule [ruːl] ㊐ 통치하다, 지배하다 whole [houl] ㊖ 전체의, 모든 appear [əpíər] ㊐ 나타나다, 출현하다 fight [fait] ㊐ 싸우다 win [win] ㊐ 이기다 [문제] honey [hʌ́ni] ㊕ 꿀 communicate [kəmjúːnəkèit] ㊐ 의사소통을 하다

02

If you want to laugh and forget about your troubles, have a tickle fight with your friends! When someone tickles you, you can't help laughing.
Unfortunately, it is impossible to have a tickle fight 당신 혼자서. Why is that? It is because of the way your brain works. ① When it expects something to happen, it doesn't react strongly. ② *For example, when you are about to tickle **yourself**, your brain already knows what will happen. ③ On the other hand, when another person tickles you, it is truly a surprise to your brain. ④ That's why you laugh so hard. ⑤ *So, if you really want to have a tickle fight, you need the help of **others**!

1 글의 흐름으로 보아 주어진 문장이 들어갈 위치로 가장 적절한 곳은?

So if you do so, you won't laugh out loud.

① ② ③ ④ ⑤

2 위 글의 밑줄 친 우리말을 재귀대명사를 이용하여 영어로 옮기시오.

3 위 글에서 별표(*)가 표시된 문장을 모두 해석하시오.

laugh [læf] ⓓ 웃다 trouble [trʌ́bl] ⓜ 문제 tickle [tíkl] ⓜ 간지럽히기 ⓓ 간지럼을 태우다 unfortunately [ʌnfɔ́ːrtʃənətli] ⓑ 불행하게도, 유감스럽게도 impossible [impɑ́səbl] ⓗ 불가능한 happen [hǽpən] ⓓ 일어나다, 발생하다 react [riǽkt] ⓓ 반응하다 truly [trúːli] ⓑ 정말로, 참으로 surprise [sərpráiz] ⓜ 뜻밖의 일 [문제] out loud (다른 사람들이 들을 수 있게) 소리내어

Word Review

다음 영어 단어의 우리말 뜻을 적으시오.

1	guest	______	21	rarely	______
2	in the end	______	22	notice	______
3	waste	______	23	feature	______
4	signal	______	24	biologist	______
5	skin	______	25	compare	______
6	annoying	______	26	heat	______
7	addiction	______	27	surface	______
8	instrument	______	28	climb	______
9	provide	______	29	accomplishment	______
10	joy	______	30	amazing	______
11	date	______	31	youth	______
12	pass	______	32	challenge	______
13	depending on	______	33	spill	______
14	common	______	34	kick	______
15	quality	______	35	conversation	______
16	unsafe	______	36	rule	______
17	thick	______	37	communicate	______
18	tower	______	38	tickle	______
19	increase	______	39	unfortunately	______
20	miner	______	40	truly	______

memo

memo

지은이

NE능률 영어교육연구소

NE능률 영어교육연구소는 혁신적이며 효율적인 영어 교재를 개발하고
영어 학습의 질을 한 단계 높이고자 노력하는 NE능률의 연구조직입니다.

열중16강 독해+문법 〈LEVEL 2〉

펴 낸 이 주민홍
펴 낸 곳 서울특별시 마포구 월드컵북로 396(상암동) 누리꿈스퀘어 비즈니스타워 10층
㈜NE능률 (우편번호 03925)
펴 낸 날 2019년 1월 5일 개정판 제1쇄 발행
2021년 9월 15일 제6쇄
전 화 02 2014 7114
팩 스 02 3142 0356
홈페이지 www.neungyule.com
등록번호 제1-68호
I S B N 979-11-253-2601-4 53740
정 가 9,000원

NE 능률

고객센터

교재 내용 문의 : contact.nebooks.co.kr (별도의 가입 절차 없이 작성 가능)
제품 구매, 교환, 불량, 반품 문의 : 02-2014-7114
☎ 전화문의는 본사 업무시간 중에만 가능합니다.

NE능률 교재 MAP

독해

아래 교재 MAP을 참고하여 본인의 현재 혹은 목표 수준에 따라 교재를 선택하세요.
NE능률 교재들과 함께 영어실력을 쑥쑥~ 올려보세요!
MP3 등 교재 부가 학습 서비스 및 자세한 교재 정보는 www.nebooks.co.kr 에서 확인하세요.

초1-2
- 초등영어 리딩이 된다 Start 1
- 초등영어 리딩이 된다 Start 2
- 초등영어 리딩이 된다 Start 3
- 초등영어 리딩이 된다 Start 4

초3
- 리딩버디 1

초3-4
- 리딩버디 2
- 초등영어 리딩이 된다 Basic 1
- 초등영어 리딩이 된다 Basic 2
- 초등영어 리딩이 된다 Basic 3
- 초등영어 리딩이 된다 Basic 4

초4-5
- 리딩버디 3
- 주니어 리딩튜터 스타터 1

초5-6
- 초등영어 리딩이 된다 Jump 1
- 초등영어 리딩이 된다 Jump 2
- 초등영어 리딩이 된다 Jump 3
- 초등영어 리딩이 된다 Jump 4
- 주니어 리딩튜터 스타터 2

초6-예비중
- 1316팬클럽 독해 1
- 주니어 리딩튜터 1
- Junior Reading Expert 1
- Reading Forward Basic 1

중1
- 주니어 리딩튜터 2
- Junior Reading Expert 2
- Reading Forward Basic 2
- 열중 16강 독해+문법 1
- Reading Inside Starter

중1-2
- 1316팬클럽 독해 2
- 주니어 리딩튜터 3
- 정말 기특한 구문독해 입문
- Junior Reading Expert 3
- Reading Forward Intermediate 1
- 열중 16강 독해+문법 2
- Reading Inside 1

중2-3
- 1316팬클럽 독해 3
- 주니어 리딩튜터 4
- 정말 기특한 구문독해 기본
- Junior Reading Expert 4
- Reading Forward Intermediate 2
- Reading Inside 2

중3
- 리딩튜터 입문
- 정말 기특한 구문독해 완성
- Reading Forward Advanced 1
- 열중 16강 독해+문법 3
- Reading Inside 3

중3-예비고
- Reading Expert 1
- 리딩튜터 기본
- Reading Forward Advanced 2

고1
- 빠바 기초세우기
- 리딩튜터 실력
- Reading Expert 2
- TEPS BY STEP G+R Basic

고1-2
- 빠바 구문독해
- 리딩튜터 수능 PLUS
- Reading Expert 3

고2-3, 수능 실전
- 빠바 유형독해
- 빠바 종합실전편
- Reading Expert 4
- TEPS BY STEP G+R 1

고3 이상, 수능 고난도
- Reading Expert 5
- 능률 고급영문독해

수능 이상/ 토플 80-89 · 텝스 600-699점
- ADVANCED Reading Expert 1
- TEPS BY STEP G+R 2
- RADIX TOEFL Blue Label Reading 1,2

수능 이상/ 토플 90-99 · 텝스 700-799점
- ADVANCED Reading Expert 2
- RADIX TOEFL Black Label Reading 1

수능 이상/ 토플 100 · 텝스 800점 이상
- RADIX TOEFL Black Label Reading 2
- TEPS BY STEP G+R 3

열여섯 시간에 완성하는 중학 영어 단기 특강

열중16강

독해+문법
LEVEL 2

정답 및 해설

NE 능률

열여섯 시간에 완성하는 중학 영어 단기 특강

열중16강

독해+문법

LEVEL 2

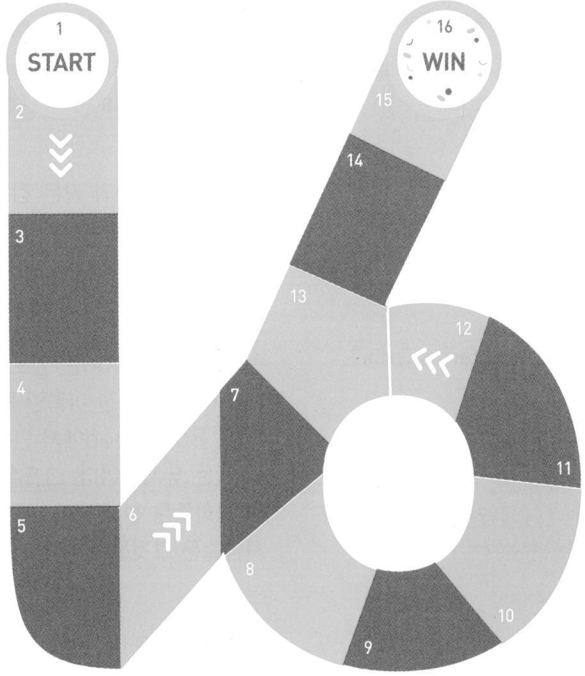

Unit 1 문장의 형식 1

A 1형식: 주어+동사 pp. 6-7

Check-up

1. They run / 그들은 빨리 뛴다.
2. Mike goes / Mike는 우리와 함께 등교한다.
3. is a bank / 나의 집 근처에 은행이 있다.

어휘 end[end] ⓢ 끝나다

B 2형식: 주어+동사+보어

Check-up

1. quiet / 조용히 해 주세요.
2. bad / 이 우유는 나쁜 냄새가 난다.
3. large / 그 생선은 크게 자랐다.

어휘 remain[riméin] ⓢ 여전히 …이다 turn[təːrn] ⓢ 돌다; 돌리다; *(…한 상태로) 변하다

C 3형식: 주어+동사+목적어

Check-up

1. ate curry / 그들은 점심으로 카레를 먹었다.
2. met us / Kate는 버스 정류장에서 우리를 만났다.

어휘 curry[kə́ːri] ⓝ 카레

D 4형식: 주어+동사+간접목적어+직접목적어

Check-up

1. for me 2. to children 3. to her friends
4. of the mayor

1. 그는 나에게 영화표를 주었다.
2. Mr. Smith는 아이들에게 영어를 가르치고 있다.
3. 그녀는 친구들에게 도넛을 많이 가져다 주었다.
4. 그 기자는 시장에게 몇 가지 질문을 했다.

어휘 favor[féivər] ⓝ 호의, 친절; 청, 부탁 reporter[ripɔ́ːrtər] ⓝ 기자 mayor[méiər] ⓝ 시장

Sentence Writing with Grammar p. 8

1. The concert starts
2. We can keep healthy
3. His face turned red.
4. This dress looks expensive.
5. She bought some fish
6. George sent me
7. She told an interesting story to
8. Grandma made a vest for

어휘 healthy[hélθi] ⓐ 건강한 exercise[éksərsàiz] ⓢ 운동하다 expensive[ikspénsiv] ⓐ 비싼 interesting[íntərəstiŋ] ⓐ 재미있는, 흥미로운 vest[vest] ⓝ 조끼

Basic Reading p. 9

A 1. ④

해석 어제는 Tom의 생일이었다. 그의 부모님은 그를 놀라게 하고 싶어서 큰 생일 파티를 계획했다. 그들은 파티를 위해서 많은 것을 샀다. Tom의 엄마는 여러 가지 요리들도 준비했다. 그 중에서 그녀는 Tom에게 생일 케이크를 만들어 주었다. 그것은 정말 맛이 좋았다. 그리고 그들은 Tom의 친구들을 파티에 초대했다. 그의 부모님 덕분에 Tom은 친구들과 멋진 시간을 보냈다.

구문해설

1행 His parents wanted **to surprise** him, ...
▶ to surprise: to부정사의 명사적 용법 (목적어)

2행 They bought **a lot of** things for the party.
▶ a lot of: 많은 (= lots of)

3행 Tom's mom also prepared **a variety of** dishes.
▶ a variety of: 여러 가지의

3행 **Among** them, she *made a birthday cake for Tom.*
▶ Among: (셋 이상) … 사이에
▶ make+직접목적어+for+간접목적어 (3형식)

5행 **Thanks to** his parents, Tom had a wonderful time with his friends.
▶ thanks to: … 덕분에

문제해설

1 ④ taste와 같은 감각동사가 쓰인 2형식 문장은 주격보어로 형용사를 써야 한다.

B 1. (1) F (2) T (3) T 2. ④

해석 Bollywood는 인도의 영화 산업의 이름이다. 그 이름은 Mumbai의 예전 이름인 Bombay와 Hollywood를 합친 것이다. Bollywood에서 만들어지는 영화들은 주로 경쾌한 노래가 있는 뮤지컬이다. 그들은 관객들에게 신나는 춤을 보여준다. 이 영화들은 전 세계에서 인기를 얻고 있는데, 다른 나라의 많은 사람들은 그것들이 매우 재미있다고 생각하기 때문이다.

구문해설

4행 These movies are **becoming popular** *all over the world*, ...
▶ become+형용사: …하게 되다 (2형식)
▶ all over the world: 전 세계에서

문제해설

1 (1) Bollywood라는 이름에 Hollywood라는 말의 일부가 쓰이기는 했으나, 인도 영화 사업을 가리키는 말이다.

2 밑줄 친 문장은 수여동사(show) 다음에 간접목적어(viewers)와 직접목적어(exciting dancing)가 있는 4형식 문장이다. 이와 같은 형식의 문장은 ④이다. ①과 ⑤는 3형식 문장이며, ②와 ③은 2형식 문장이다.
① 나는 너를 매우 많이 사랑한다.
② 이 나무는 빠르게 자란다.
③ 하늘이 회색으로 변했다.
④ 그녀는 내게 사과 하나를 주었다.
⑤ 우리는 연필이 하나도 없다.

Actual Reading

pp. 10-11

01 **1.** ③ **2.** And Mr. Khalid gives the candy to his passengers for free. **3.** 해석의 별표(*)가 있는 문장 참고

해석 "이 차 안에서 먹거나 마시는 것 금지. 사탕은 제외." 우리는 이 표지판을 어디서 발견할 수 있을까? 그것은 Mansoor Khalid의 뉴욕시 택시 — 달콤한 놀라움들로 가득 찬 차 안에 있다. 뒷좌석 뒤에는 엄청난 사탕 더미가 있다. *그리고 Mr. Khalid는 승객들에게 사탕을 공짜로 준다. 그가 이 일을 왜 하는 것일까?
*몇 년 전, 그의 아들이 병원에 있었을 때 Mr. Khalid는 의사들과 간호사들에게 커피를 가져다 주었다. *그가 한밤중에 그들에게 커피를 가져다 줄 때 그들은 항상 행복해 했다. *그래서 그는 그 즐거움을 그의 택시로 가져오기로 결심했다.
사람들은 택시에 탈 때 항상 놀란다. 그들은 보통 웃으며 사진을 찍는다. Mr. Khalid는 그의 승객들이 행복해 할 때 그의 일을 더 많이 즐긴다고 말한다.

구문해설

3행 Behind the rear seat, **there is** *a huge pile of* candy.
▶ there is + 단수명사 혹은 셀 수 없는 명사: …이 있다 (1형식)
▶ a pile of: … 더미

7행 They were always happy **when** he *got coffee for them* **in the middle of** the night.
▶ when: …할 때
▶ get + 직접목적어 + for + 간접목적어 (3형식)
▶ in the middle of: …의 도중에, …의 중에

8행 So, he decided **to bring** that joy to his taxi.
▶ to bring: to부정사의 명사적 용법 (목적어)

13행 ... when his riders **feel happy**.
▶ feel + 형용사: …하게 느끼다 (2형식)

문제해설

1 Mr. Khalid는 승객들을 기쁘게 하고자 택시에 사탕을 비치해 두고 이를 공짜로 주는 깜짝 이벤트를 마련했다고 했다.
① 외국인 여행자들을 위한 천국
② 공짜 커피가 있는 유일한 택시
③ 달콤한 놀라움들로 가득 찬 차
④ 세계에서 가장 독특한 사탕 가게
⑤ 건강에 좋은 간식을 찾을 수 있는 최고의 장소

2 give를 사용한 4형식 문장은 전치사 to를 사용해서 「수여동사 + 직접목적어 + to + 간접목적어」의 어순인 3형식 문장으로 바꿔 쓸 수 있다.

02 **1.** ⑤ **2.** ③ **3.** 해석의 별표(*)가 있는 문장 참고

해석 스웨덴에서는 'Studenten'이라는 특별한 졸업식 행사가 있다. 졸업 몇 주 전에 학생들은 그것을 준비하기 시작한다. 그리고 옷이 준비해야 하는 가장 중요한 것이다. 남자들은 보통 검정색 정장을 입고, 여자들은 주로 흰색 드레스를 입는다. 그들은 또한 특별한 모자를 쓴다. *모자를 머리에 쓴 그들은 선원처럼 보인다.
축하 행사는 여타 다른 졸업식과 똑같이 시작한다. *교장 선생님은 학생들에게 졸업장을 수여한다. *학생들은 서로 축하하고 그들의 모자를 공중으로 던진다. 하지만 그것이 끝은 아니다. 그러고 나서 그들은 길 밖으로 뛰어나간다. 그들은 트럭을 타고 동네 전체를 지나며 행진한다. 그들은 그러는 동안 내내 환호하며 소리를 친다. 온종일 교통 체증과 소음이 있다. *그러나 사람들은 화를 내지 않는다. 그들은 그 학생들을 축하해준다.

구문해설

1행 Weeks before graduation, students start **to prepare** for it.
▶ to prepare: to부정사의 명사적 용법 (목적어)

2행 And **clothes are** ***the most important*** **things to prepare**.
▶ 주어 + 동사 + 주격보어(명사) (2형식)
▶ 「the most + 3음절 이상인 형용사」: 최상급
▶ to prepare: to부정사의 형용사적 용법 (the most important things 수식)

4행 **With the hats on their heads**, they *look like sailors*.
▶ with + 명사 + on + 신체부위: …에 ~이 있는 채로
▶ look like + 명사: …처럼 보이다

11행 However, people don't **get angry**.
▶ get + 형용사: …하게 되다 (2형식)

문제해설

1 ⑤ 이 행사 때문에 교통 체증과 소음이 발생하지만 마을 사람들은 화를 내지 않고 졸업생들을 축하해준다고 했다.

2 그들은 온종일 일했다.
주어진 문장은 주어(They)와 동사(worked), 그리고 수식어구(all day long)로 이루어진 1형식 문장이다. ①과 ⑤는 2형식, ②는 3형식, ③은 1형식, ④는 4형식이므로, 정답은 ③이다.

Unit 2 문장의 형식 2

A 5형식: 주어+동사+목적어+목적격보어

pp. 12-13

Check-up

1. The news made us happy.
2. Maria wanted me to bring her shoes.
3. They named their baby Nicole.

어휘 clean[kliːn] 형 깨끗한 동 청소하다 name[neim] 동 이름을 붙이다 expect[ikspékt] 동 기대하다

B 사역동사가 쓰인 5형식

Check-up

1. She made me stay
2. I had them move
3. doesn't let us use

어휘 fix[fiks] 동 고치다 pet[pet] 명 반려동물 walk[wɔːk] 동 걷다; *산책시키다

C 지각동사가 쓰인 5형식

Check-up

1. the baby cry[crying]
2. the children play[playing]

어휘 cross[krɔːs] 동 건너다 shake[ʃeik] 동 흔들리다

Sentence Writing with Grammar p. 14

1. People call her Sunny.
2. You should keep your feet warm.
3. Mr. White asked us to push
4. My mother doesn't let me go camping.
5. I got him to buy some apples.
6. Tom helped Gina (to) do the laundry.
7. Mr. Kim made me do / made me angry
8. I saw her dance[dancing]

어휘 push[puʃ] 동 밀다 go camping 캠핑가다 do the laundry 빨래하다 extra[ékstrə] 형 추가의 stage[steidʒ] 명 무대

Basic Reading p. 15

A **1.** ⑤ **2.** makes people calm down

해석 어떤 색깔이 사람들을 가장 진정하도록 만들까? 정답은 분홍색일지도 모른다. 1970년대에 미국의 교도관들은 폭력적인 죄수들과 문제가 있었다. 그때 어떤 사람이 한 가지 의견을 제안했다. 벽을 분홍색으로 칠하자는 것이었다. 놀랍게도, 이 새로운 벽들은 성공적으로 죄수들을 진정시켰다! 한 전문가는 아무도 분홍색 방에서는 쉽게 화가 날 수 없다고 말했다. 분홍색은 모든 부정적인 에너지를 없앤다.

구문해설

1행 **In the 1970s**, prison guards in the U.S. *had trouble with* violent prisoners.
▶ in the+(10년 단위의) 연도s: …년대에
▶ have trouble with: …와 문제가 있다

3행 Then someone suggested an idea — **paint the walls pink**.
▶ paint+목적어+목적격보어(형용사) (5형식)

문제해설

1 분홍색 벽이 폭력적인 죄수들의 마음을 진정시켰다는 사례를 통해, 분홍색이 사람들의 심리에 미치는 긍정적인 영향에 대해 설명하고 있다.

2 '(목적어)로 하여금 …하게 하다[시키다]'라는 의미는, 「make+목적어+동사원형」으로 나타낼 수 있다.

B **1.** ③ **2.** keeps them safe

해석 Packbot은 최초의 전투 로봇이다. 그것은 특별한 바퀴와 카메라가 있다. 병사들은 원격 조종으로 그 로봇을 조종한다. 그래서 그것은 병사들이 위험한 장소에서 떨어져 있도록 해준다. 예를 들어, 전투 부대는 동굴 속에 있는 적군들을 찾기 위해서 Packbot을 보낼 수 있다. 과거에는 병사들이 항상 위험에 처해 있었다. 하지만 이제는 Packbot이 그들을 안전하게 지켜준다.

구문해설

2행 So it **allows soldiers to *stay*** *away from* dangerous places.
▶ allow+목적어+목적격보어(to부정사) (5형식)
▶ stay away from: …에서 떨어져 있다

3행 **For example**, a combat team can send Packbot *to look* for enemy soldiers inside caves.
▶ for example: 예를 들어 (= for instance)
▶ to look: to부정사의 부사적 용법 (목적)

4행 In the past, soldiers **were** always **in danger**.
▶ be in danger: 위험에 처하다

문제해설

1 ③ 병사들은 로봇을 원격 조종한다고 했다.

2 '(목적어)를 …한 상태로 지키다'라는 의미는 「keep+목적어+형용사」로 나타낼 수 있다.

Actual Reading

pp. 16-17

01 1. ③ 2. people call him a true hero
3. 해석의 별표(*)가 있는 문장 참고

해석 *오늘 저는 여러분에게 한 영웅을 소개하고자 합니다. 그는 다른 사람들을 구하기 위해서 두 번이나 그의 목숨을 걸었습니다. 그는 소비에트 아르메니아 사람인 수영 우승자 Shavarsh Karapetyan입니다.
어느 날 그는 댐 근처에서 달리고 있었습니다. *그때 그는 버스가 물속으로 들어가는 것을 보았습니다. 그는 차가운 물에 여러 번 뛰어들어서 20명의 승객들을 구했습니다. 그러나 30번을 뛰어든 후에, 그는 매우 아파서 병원에 가야만 했습니다. 그는 결국 회복되었지만 다시는 수영 경기에 출전할 수 없었습니다.
몇 년 후에, 그는 한 건물 옆을 우연히 지나가게 되었습니다. 그것은 불타고 있어서, 그는 사람들을 밖으로 끄집어내기 위해 안으로 뛰쳐들어갔습니다. 다시 한 번 그는 많은 사람들을 구했고, 그는 심하게 다쳤습니다.
현재 그는 모스크바에 살고 있고, 신발 가게를 소유하고 있습니다. *그는 그 가게에 '새로운 활력'이라는 이름을 지었습니다. 그의 용기 있는 행동들 때문에 사람들은 그를 진정한 영웅이라고 부릅니다!

구문해설

1행 Today, **let me introduce** a hero to you.
▶ let(사역동사)+목적어+동사원형 (5형식)

1행 He **risked his life** twice *to save* others.
▶ risk one's life: 목숨을 걸다
▶ to save: to부정사의 부사적 용법 (목적)

4행 Then he **saw a bus go** into the water.
▶ see(지각동사)+목적어+동사원형[현재분사]: (목적어)가 …하는 것을 보다 (5형식)

8행 Several years later, he **happened to *pass*** *by* a building.
▶ happened to-v: 우연히 …하다
▶ pass by: (…옆을) 지나가다

11행 He **named the shop "Second Breath."**
▶ name+목적어+목적격보어: (목적어)에게 …라는 이름을 지어주다 (5형식)

문제해설

1 ③ 버스 사고에서 승객들을 구조한 후, 그는 더 이상 수영 경기에 출전할 수 없게 됐다고 했다.

2 '(목적어)를 …라고 부른다'는 의미는 「call+목적어+명사」로 나타낼 수 있다.

02 1. ② 2. (A) useful (B) make
3. 해석의 별표(*)가 있는 문장 참고

해석 냄새 나는 발이 항상 나쁜 것은 아니다. *어떤 연구자들은 그것이 유용하다고 생각한다. *그들은 악취가 나는 발이 말라리아와 싸울 수 있는 새로운 무기라고 여긴다!
말라리아는 끔찍한 질병이다. 그것은 매년 약 오십만 명의 사람들을 죽인다. 말라리아 모기들이 당신을 물 때, 당신은 병에 걸린다. 그것들을 죽이기 위해서 사람들은 화학 물질, 그물, 그리고 약물을 사용하곤 했다. 하지만 이제 몇몇 연구자들이 새로운 방식을 찾기 위해 노력하고 있다. 그들은 말라리아 모기들이 다른 모기들보다 악취가 나는 발의 냄새를 더 좋아한다는 것을 알게 되었다. 그 연구자들은 실험에서 냄새 나는 치즈를 사용했는데, 그것이 악취가 나는 발과 같은 냄새가 나기 때문이었다. 하지만 말라리아 모기들은 그 차이를 알았다. 그들은 오직 냄새가 나는 발에만 반응을 했다.
연구자들은 계속해서 연구를 했다. *이제 그들은 악취가 나는 발이 더 효과적으로 말라리아 모기들을 잡는 덫을 만드는 데 도움을 줄지도 모른다고 생각한다.

구문해설

1행 Smelly feet are **not always** bad.
▶ not always: 항상 …한 것은 아니다 (부분 부정)

2행 They **consider stinky feet a new weapon** *to fight* malaria!
▶ consider+목적어+목적격보어: (목적어)를 …라고 여기다 (5형식)
▶ to fight: to부정사의 형용사적 용법 (a new weapon 수식)

4행 **To kill** them, people *used to use* chemicals, nets, and drugs.
▶ to kill: to부정사의 부사적 용법 (목적)
▶ used to-v: …하곤 했다

5행 Now, however, some researchers are **trying to find** a new way.
▶ try to-v: …하려고 노력하다

11행 The researchers **kept studying**.
▶ keep+v-ing: …을 계속하다

문제해설

1 발냄새가 말라리아 모기를 유인하여 말라리아를 퇴치하는 데 활용될 수 있다는 연구 결과에 대한 글이다.
① 독특한 말라리아 약
② 냄새 나는 발을 이용하여 말라리아에 맞서 싸우기
③ 과학자들이 냄새 나는 발을 위한 약을 만들다
④ 모기: 말라리아에 대항할 새로운 무기
⑤ 왜 인간의 냄새가 모기들을 끌어들일까

2 (A) find는 5형식 문장에서 목적격보어로 형용사를 쓴다.
(B) help는 5형식 문장에서 목적격보어로 동사원형과 to부정사 모두를 쓸 수 있다.

Unit 3 시제

A 현재, 과거, 미래시제와 진행시제 pp. 18-19

Check-up

1. are four seasons
2. is taking a nap
3. read this book
4. will travel [am going to travel / am traveling] to Japan

어휘 discover[diskÁvər] ⓢ 발견하다 chat[tʃæt] ⓢ 이야기를 나누다, 수다를 떨다 season[síːzn] ⓜ 계절 take a nap 낮잠을 자다

B 현재완료

Check-up

1. have watched 2. have not cleaned
3. have known 4. has left

어휘 just[dʒʌst] ⓑ 방금, 막 ever[évər] ⓑ 한 번이라도 since[sins] ⓙ …부터[이후] wallet[wálit] ⓜ 지갑 abroad[əbrɔ́ːd] ⓑ 해외에, 해외로 already[ɔːlrédi] ⓑ 이미 yet[jet] ⓑ (부정문·의문문에서) 아직 once[wʌns] ⓑ 한 번

Sentence Writing with Grammar p. 20

1. Jason plays the guitar
2. World War I broke out
3. I will [am going to] run in the marathon
4. Dad was washing his car
5. I have already finished my lunch.
6. We have met Tom before.
7. He has been busy since last month.
8. Simon has gone to the U.S.

어휘 break out 일어나다, 발생하다 marathon[mǽrəθàn] ⓜ 마라톤

Basic Reading p. 21

A 1. ② 2. (A) are studying (B) be

해석 수천 년 동안 사람들은 배탈을 치료하기 위해 생강을 먹어왔다. 이제 과학자들은 암 환자들에게 미치는 생강의 효과를 연구하고 있다. 암 환자들은 치료 후에 속이 메스껍다고 느낀다. 그래서 과학자들은 일부 환자들에게 생강 알약을 주었다. 그들은 다른 환자들에게 보통의 약을 주었다. 놀랍게도, 생강 알약이 보통 약보다 메스꺼움에 더 효과가 좋았다. 생강은 곧 많은 암 환자들에게 도움이 될 것이다.

구문해설

1행 For thousands of years, people **have eaten** ginger *to cure* upset stomachs.
▶ have eaten: 현재완료 (계속)
▶ to cure: to부정사의 부사적 용법 (목적)

4행 So scientists **gave ginger pills to some patients**.
▶ give + 직접목적어 + to + 간접목적어 (3형식)

5행 Surprisingly, the ginger pills worked **better** for nausea **than** the regular medicine.
▶ better than: well의 비교급을 이용한 비교표현

문제해설

1 메스꺼움에 효과가 있는 생강 알약에 대한 글이다.

2 (A) Now라는 현재를 나타내는 부사가 있으므로 동사의 형태는 are studying이 되어야 한다.
(B) 미래시제를 나타내는 will 다음에는 동사원형이 와야 하므로 be가 되어야 한다.

B 1. ④ 2. 숲 속의 많은 동물들이 겨우내 잠들어 있었다.

해석 봄이 올 때, 모든 것이 잠에서 깨어나기 시작한다. 숲 속의 많은 동물들이 겨우내 잠들어 있었다. 새들은 떠나가 있었다. 눈 밑에는 땅이 굳어 있었다. 그때, 갑자기 봄이 된다! 낮은 더 길어지기 시작한다. 남쪽으로부터 새들이 다시 날아온다. 동물들이 잠에서 깨어서 먹이를 찾기 시작한다. 나무들은 새로운 잎들을 길러낸다.

구문해설

1행 When spring comes, everything **begins to wake** up.
▶ begin to-v: …하는 것을 시작하다 (= begin v-ing)

3행 Then, **all at once**, *it* is spring!
▶ all at once: 갑자기 (= suddenly)
▶ 비인칭주어 it (계절)

4행 The days begin to **get longer**.
▶ get + 비교급: 더 …해지다

문제해설

1 봄이 시작되면서 일어나는 자연 변화들을 설명하고 있다.

2 잠이 든 상태가 과거의 특정 시점부터 겨우내 지속한 것이므로 현재완료 계속의 의미를 나타내도록 '(지금까지) 계속 …해왔다'고 해석해야 한다.

Actual Reading pp. 22-23

01 1. ⑤ 2. ③ 3. 해석의 별표(*)가 있는 문장 참고

해석 *Dickin 메달에 대해서 들어본 적이 있습니까? 그것은 위대한 운동선수들이나 과학자들을 위한 것이 아닙니다. 그것은

동물들을 위한 것입니다!
2차 세계대전 동안, 많은 동물들이 영국 군대에 소속된 병사들을 도와주었습니다. Maria Dickin은 그들을 표창하기 위해서 1943년에 이 특별한 메달을 만들었습니다. 그 상을 받은 최초의 동물들은 비둘기 세 마리였습니다. 비행기들이 바다 속에 추락했을 때, 그것들은 메시지를 전달했습니다. 이 비둘기들은 그 사고에서 11명의 사람들의 목숨을 구했습니다.
*최근에는 많은 개들이 그 메달을 받았습니다. 어떤 개들은 미국에서 9/11 공격 이후에 사람들을 구조했고, 다른 어떤 개들은 이라크와 아프가니스탄에서 폭발물을 발견했습니다. *지금까지 총 64마리의 동물들이 Dickin 메달을 받았습니다.

구문해설

4행 Maria Dickin made this special medal in 1943 **to honor** them.
▶ to honor: to부정사의 부사적 용법 (목적)

5행 The first animals **to receive** the award were three pigeons.
▶ to receive: to부정사의 형용사적 용법 (The first animals 수식)

8행 **Some dogs** rescued people..., and **other dogs** found explosives....
▶ some+복수명사 …, other+복수명사 ~ : 어떤 …은 ~, 다른 어떤 …은 ~

문제해설

1 동물들에게 수여하는 Dickin 메달이 처음 만들어진 1943년부터 최근까지의 역사를 설명하고 있다.
① 동물들을 구조하는 방법
② 인명을 구조한 최초의 비둘기들
③ Dickin 메달의 가치
④ 동물들도 인간들과 똑같다
⑤ Dickin 메달의 역사

2 밑줄 친 Have heard는 경험을 나타내는 현재완료이며, 이와 같은 용법으로 쓰인 문장은 ③이다. ①은 결과, ②와 ⑤는 계속, ④는 완료의 의미로 쓰인 현재완료이다.
① Tony는 그의 교과서를 잃어버렸다.
② 그녀는 5년 동안 파리에서 살아왔다.
③ 우리는 예전에 제주도에 가본 적이 있다.
④ 나는 벽에 페인트칠하는 것을 막 마쳤다.
⑤ 그들은 일 년 동안 우리와 함께 머물러 왔다.

02 1. ⑤ 2. ④ 3. ⑤

해석 한 나라에서 정부는 모든 새로운 엄마들에게 커다란 선물 상자를 준다. 그것은 어느 나라일까? 바로 핀란드이다! 각각의 상자는 옷, 침대 시트, 장난감 등 갓 태어난 아기에게 필요한 모든 것들을 담고 있다.
이 전통은 1930년대에 시작되었다. 그 당시 핀란드에서 많은 아기들이 일찍 죽었다. 이 문제를 해결하기 위해서 정부는 'baby box(아기 상자)' 프로그램을 만들었다. 그것은 매우 성공적이었다. 오늘날 모든 핀란드의 아이들은 인생을 잘 시작할 수 있다.
시간이 지나면서 상자의 내용물이 바뀌었다. 예를 들어, 1930년대에는 엄마들이 주로 아이들의 옷을 만들었다. 그래서 상자에는 천이 들어 있었다. 하지만 이제 상자에는 기성복이 들어 있다.
그 프로그램이 시작된 이후로 80년이 넘었지만, 아기 상자는 여전히 매우 인기 있다.

구문해설

5행 **To solve** this problem, the government created the "baby box" program.
▶ To solve: to부정사의 부사적 용법 (목적)

8행 **Over time**, the contents of the box *have changed*.
▶ over time: 시간이 지나면서
▶ 현재완료의 계속

문제해설

1 ⑤ 마지막 문장에서 아기 상자 프로그램이 여전히 인기가 많다고 했다.

2 밑줄 친 문장 앞에서 과거에는 갓 태어난 아기들이 일찍 죽었지만 프로그램의 실행 결과가 매우 성공적이었다는 것으로 보아, 핀란드의 영아 사망률이 매우 낮아졌음을 추론할 수 있다.

3 ⑤ 문장에 since가 사용된 것으로 보아, 계속의 의미를 갖는 현재완료가 쓰여야 한다. 따라서 was가 아니라 has been이 적절하다.

Chapter 1 동사의 이해

Unit 4 수동태

A 수동태의 형태 pp. 24-25

Check-up

1. This store is owned by Harry.
2. This special wine is made by us.
3. A film festival is held in Busan (by people).

1. Harry는 이 상점을 소유하고 있다. → 이 상점은 Harry의 소유이다.
2. 우리는 이 특별한 와인을 만든다. → 이 특별한 와인은 우리에 의해 만들어진다.
3. 사람들은 부산에서 영화 축제를 개최한다. → 영화 축제는 부산에서 (사람들에 의해) 개최된다.

어휘 teenager [tí:nèidʒər] ⓜ 십 대 appear [əpíər] ⓢ 나타나다 disappear [dìsəpíər] ⓢ 사라지다 resemble [rizémbl] ⓢ …을 닮다 hold [hould] ⓢ 잡고 있다; *개최하다 festival [féstəvəl] ⓜ 축제

B 수동태의 시제

Check-up

1. This book was written by Jane.
2. The fence is being repaired by Tom.
3. This work will be done by me tomorrow.

1. Jane이 이 책을 썼다. → 이 책은 Jane에 의해 쓰였다.
2. Tom이 그 울타리를 수리하고 있다. → 그 울타리는 Tom에 의해 수리되고 있다.
3. 나는 내일 이 일을 끝낼 것이다. → 이 일은 내일 나에 의해 끝내질 것이다.

어휘 cancel[kǽnsəl] 동 취소하다 repair[ripέər] 동 수리하다 fence[fens] 명 울타리

C 수동태의 부정문, 의문문 / 조동사가 있는 수동태

Check-up

1. run 2. will be invited 3. was not painted

1. 이 식료품점은 Mr. Kim에 의해서 운영됩니까?
2. 나의 친구들은 내 결혼식에 초대될 것이다.
3. *Mona Lisa*는 Donatello에 의해서 그려진 것이 아니다.

어휘 bite[bait] 동 물다 (bite-bit-bitten) grocery store 식료품점 run[rʌn] 동 달리다; *운영하다 (run-ran-run) wedding [wédiŋ] 명 결혼식

D 주의해야 할 수동태

Check-up

1. The room was filled with
2. I am[I'm] interested in
3. Ann was looked after by

어휘 dust[dʌst] 명 먼지 author[ɔ́:θər] 명 작가

Sentence Writing with Grammar p. 26

1. The Eiffel Tower is visited by many people.
2. The password was changed by me.
3. is being prepared / will be served
4. The mayor is not respected by everyone.
5. Are these flowers grown by students?
6. This rule must be obeyed by everyone.
7. His painting was laughed at by his friends.
8. Is Diana satisfied with her grade?

어휘 password[pǽswə̀:rd] 명 비밀번호 serve[sə:rv] 동 (식당 등에서 음식을) 제공하다 respect[rispékt] 동 존경하다 obey [oubéi] 동 복종하다, 지키다 satisfy[sǽtisfài] 동 만족시키다 grade[greid] 명 성적

Basic Reading p. 27

A 1. ④ 2. ②

해석 *Reader's Digest* 잡지는 1922년에 설립되었다. 그것은 많은 사람들에게 사랑을 받는데, 그것이 실제 삶에 대한 여러 가지 흥미로운 이야기들을 담고 있기 때문이다. 그것은 또한 작은 크기로 잘 알려졌다. 그것은 대부분의 잡지 크기의 절반에 불과하다. 오늘날 많은 나라의 사람들이 이 잡지를 읽는 것을 즐긴다. 그것은 21개 언어와 49개 판으로 발행된다.

구문해설

3행 It **is** also **well known for** its small size.
▶ be well known for: …로 잘 알려지다

4행 Today people in many countries **enjoy reading** this magazine.
▶ enjoy v-ing: …하는 것을 즐기다

문제해설

1 ④ *Reader's Digest*가 얼마인지에 대해서는 언급되지 않았다.

2 ② 주어 It이 가리키는 잡지는 사랑을 받는 대상이므로, 수동의 형태인 is loved가 와야 한다.

B 1. ④

해석 젓가락은 기원전 3000년경에 중국에서 발명되었다. 그 당시 사람들은 요리할 때 큰 냄비를 사용했다. 그 냄비는 음식이 만들어진 이후에 식는 데 시간이 걸렸다. 하지만 사람들은 기다리고 싶지 않았다. 한 쌍의 막대기로 그들은 뜨거운 냄비에서 음식을 집어냈다. 곧 많은 중국인들이 젓가락을 사용하기 시작했다. 기원전 400년쯤에는 이미 사람들은 중국 어디에서나 젓가락을 발견할 수 있었다.

구문해설

2행 The pots **took time to cool** after the food was made.
▶ take time to-v: …하는 데 시간이 걸리다

4행 With **a pair of** sticks, they *picked out* the food from the hot pot.
▶ a pair of: (두 부분이 함께 하나를 이루는 물건) 한 쌍의
▶ pick out: …을 꺼내다

문제해설

1 (A)와 (B)는 모두 주어가 동작의 영향을 받고 있으므로 동사는 수동의 형태가 되어야 한다. 반면에 (C)는 주어가 어떤 동작을 하는 것이므로 동사는 능동의 형태가 되어야 한다.

Actual Reading pp. 28-29

01 1. ③ 2. the outside is covered with ice and snow 3. 해석의 별표(*)가 있는 문장 참고

해석 이글루는 이뉴잇 족의 전통가옥이다. *이글루는 얼음으로 만들어지고, 겨울에 지어진다. 이글루를 만들기 위해 이뉴잇 족은 큰 사각형 얼음 덩어리들을 자른다. 그들은 그 덩어리들로 돔을 만든다. 이글루 안에는 창문이 하나도 없고, 오직 낮은 출입구만 있다. *그것들은 얼음으로 만들어지지만 내부는 매우 따뜻하다. 바깥이 얼음과 눈으로 덮여 있을 때, 내부의 온도는 0도를 유지한다. 이는 눈과 얼음이 절연체로써 역할을 하기 때문이다. 그것들이 따뜻한 공기를 내부에 유지시키고 찬 공기가 내부로 들어오지 못하게 막아준다. 또한, 바람이 사람들로 하여금 더 춥다고 느끼게 할 수도 있지만, 눈으로 된 벽들이 그것을 막아준다.

구문해설

1행 Igloos ***are made of*** ice, and they *are built* in the wintertime.
▶ be made of: …으로 만들어지다
▶ 두 수동태 모두 by 행위자가 명백하여 생략된 경우

7행 ... and **prevent cold air from coming** inside.
▶ prevent+목적어+from+v-ing: …이 ~하는 것을 막다

문제해설

1 ③ 이글루에는 창문이 없다고 했다.
2 be covered with는 '…로 덮이다'는 의미의 수동태 표현이다.

02 1. ③ 2. ② 3. 해석의 별표(*)가 있는 문장 참고

해석 여러분은 '소기후'라는 말을 아십니까? 아마도 여러분은 '기후'라는 말에는 익숙하겠지만 '소기후'는 여러분에게 새로울지도 모릅니다. '기후'는 넓은 지역의 날씨입니다. 예를 들어, 사람들은 한국은 일반적으로 온화한 기후를 가지고 있다고 말합니다. 반면에, 소기후는 좁은 지역의 날씨입니다. *예를 들어, 많은 다른 소기후들이 같은 숲의 다른 부분들에서 발견될 수 있습니다. *소기후는 여러 요인들에 의해 영향을 받습니다. 그 요인들은 식물, 강, 그리고 높은 건물들과 같은 다양한 것들일 수도 있습니다. 소기후는 가까운 거리라 하더라도 달라집니다. 이런 이유로, 마을의 한 지역은 비가 내리지만 또 다른 지역은 맑을 수 있습니다.

구문해설

1행 Maybe you **are familiar with** the word "climate," ....
▶ be familiar with: …에 익숙하다

4행 For example, many different microclimates **can be found** in different parts of the same forest.
▶ 조동사의 수동태: 조동사+be동사+과거분사 (find-found-found)

문제해설

1 좁은 지역의 국지적 기후를 의미하는 소기후(microclimate)에 대해 설명하고 있다.
① 빠른 기후 변화
② 한국의 일반적인 기후
③ '국지적 기후'를 의미하는 용어
④ 세계의 다른 날씨 상황
⑤ 기후 변화와 날씨의 관계

2 ② 소기후는 좁은 지역의 날씨로, 남산과 여의도의 날씨가 다르다는 것이 소기후의 특성을 보여주는 예라고 할 수 있다.

Chapter 1 동사의 이해

Unit 5 조동사 1

A 능력·가능의 의미

pp. 30-31

Check-up

1. Can you [Are you able to] ride a bike?
2. They could not [were not able to] visit London
3. Tommy will be able to play

어휘 attend [əténd] 동 참석하다

B 허락·부탁의 의미

Check-up

1. Would you close the door
2. You may leave the office
3. Can I borrow your notebook

어휘 join [dʒɔin] 동 가입하다 seat [siːt] 명 자리 office [ɔ́:fis] 명 사무실 borrow [bárou] 동 빌리다

C 의무·필요·금지의 의미

Check-up

1. 우리는 회의 일정을 변경해야 한다.
2. 나는 어제 치과에 가야 했다.
3. 너는 이 박물관에서 사진을 찍어서는 안 된다.

어휘 health [helθ] 명 건강 checkup [tʃékʌ̀p] 명 점검, 검사 reschedule [rìːskédʒuːl] 동 일정을 변경하다 dentist [déntist] 명 치과 의사

Sentence Writing with Grammar p. 32

1. Tom can [is able to] drive a car.
2. could not [was not able to] go to school
3. I will be able to leave the hospital
4. Can [May] I have a word
5. Can [Will, Could, Would] you do me a favor?
6. Students must [have to] wear uniforms
7. Children must not play with fire.

8. I had to do the laundry / I don't have to[don't need to/need not] do

어휘 have a word with …와 잠깐 이야기하다 uniform [jú:nəfɔ̀:rm] 명 교복, 유니폼

Basic Reading

p. 33

A 1. ①

해석 인생에서 성공하고 싶으신가요? 저는 자신감이 당신이 그렇게 되도록 도울 수 있다고 생각합니다. 만약 당신이 자신감이 부족하면 당신은 어떤 일들을 할 수 있다고 생각하지 않습니다. 당신은 실패할지도 모른다고 생각해서 도전해 보지 않습니다. 반면에 자신감 있는 사람들은 그들이 어떤 일이든 할 수 있다고 믿습니다. 그들은 위험을 감수합니다. 그들은 때때로 실패하지만 절대 포기하지 않습니다. 그들은 다시 도전해봅니다!

구문해설

1행 I believe confidence can **help you do** so.
▶ help+목적어+(to-)v: …이 ~하는 것을 돕다

2행 If you lack confidence, you don't think (**that**) you *are able to* do things.
▶ think의 목적어절을 이끄는 접속사 that 생략
▶ be able to: …할 수 있다 (= can)

3행 **On the other hand**, confident people believe they can do *anything*.
▶ on the other hand: 반면에
▶ anything: (긍정문에서) 무엇이든

문제해설

1 빈칸 (A)와 (B)에는 '…할 수 있다'는 능력 · 가능의 의미가 들어가야 하므로 can을 써야 한다.

B 1. ② 2. have to be

해석

James: Lee 선생님, 제가 오늘 일찍 가도 될까요?
Lee 선생님: 왜지? 너는 이번에는 정직해야 한다.
James: 물론이에요. 제가 발을 다쳐서 병원에 갈 필요가 있어요.
Lee 선생님: 오, 이런. 혼자 갈 수 있겠니?
James: 그럼요. 자전거를 가져왔거든요.
Lee 선생님: 자전거를? 너는 발을 다쳤다고 말하지 않았니?
James: 그랬나요? 아니에요! 전 등을 다쳤어요!
Lee 선생님: James, 지금 당장 교실로 돌아가거라.

구문해설

1행 Mrs. Lee, **may** I leave early today?
▶ may: …해도 좋다 (허락)

3행 I hurt my foot, so I **need to see** a doctor.
▶ need to-v: …할 필요가 있다

4행 **Can** you go alone?
▶ Can: …할 수 있다 (능력 · 가능)

6행 **Didn't you** say that you hurt your foot?
▶ Didn't you …?: …하지 않았니? (부정 의문문)

문제해설

1 교실로 돌아가라고 명령하고 있으므로 선생님은 James의 말을 믿지 않고 있음을 알 수 있다.

2 '…해야 한다'라는 의미는 「have to+동사원형」으로 나타낼 수 있다.

Actual Reading

pp. 34-35

01 1. ④ 2. ④ 3. 해석의 별표(*)가 있는 문장 참고

해석 휴가 기간이다. 당신은 무엇을 하고 싶은가? 당신은 여행을 하고 싶을지도 모른다. 하지만 당신은 또한 집에 있고 싶을 수도 있다. 만약 당신이 그렇게 한다면, 우리는 그것을 'staycation'이라고 부른다. 이 단어는 'stay'와 'vacation'의 조합이다. 사실 많은 사람들이 여러 가지 이유로 staycation을 선택하고 있다.
우선 한 가지 이유는, 당신은 돈을 절약할 수 있다. 만약 당신이 집에 있다면 호텔이나 항공편과 같은 것들에 돈을 지불할 필요가 없다.
또한 당신은 어떤 계획도 세울 수 없다(→ 필요가 없다). 휴가를 계획하는 것은 스트레스를 줄지도 모른다. 집에 있는 것은 계획하는 것을 전혀 필요로 하지 않는다.
*하지만 최고의 이유는 당신이 쉴 수 있다는 것이다. 당신이 여행에서 돌아왔을 때 당신은 아마도 피곤할 것이다. 당신은 휴가 후에 휴가가 필요할지도 모른다.
*만약 당신이 휴가를 위한 충분한 돈과 시간과 에너지를 구하는 데 애를 먹고 있다면 staycation은 최고의 해답이 될 수 있다.

구문해설

2행 If you do so, we **call it a "staycation."**
▶ call+목적어+목적격보어(명사): …을 ~라고 부르다

4행 Actually, many people are **choosing to have** a staycation for several reasons.
▶ choose to-v: …하는 것을 선택하다 (to부정사의 명사적 용법 (목적어))

14행 If you **have trouble finding** enough money, ...
▶ have trouble v-ing: …하는 데 어려움을 겪다

문제해설

1 사람들이 staycation을 선택하는 여러 이유들을 설명하고 있다.
① staycation은 무엇인가
② 당신의 휴가를 즐기는 방법
③ staycation을 위한 좋은 장소
④ 왜 사람들은 staycation을 하는가
⑤ staycation을 위한 최적의 시간

2 문맥상 staycation을 하면 어떤 계획도 필요가 없다는 말이 나와야 한다. 따라서 cannot 대신에 don't have to[don't need to/need not]를 쓰는 것이 알맞다.

02 **1.** ③ **2.** will be able to get
3. 해석의 별표(*)가 있는 문장 참고

해석 당신은 자주 늦게까지 깨어 있는가? 조심하라! 당신은 너무 많은 "수면 부족"을 쌓을 수 있다. 당신이 6시간 동안 자는데 몸이 8시간을 필요로 한다면, 당신은 몸에서 2시간의 수면을 "빌리는" 것이다. 당신이 그 해의 매일 밤에 그렇게 한다면, 당신은 한 달간의 잠을 빌리는 것이다!
시간이 지나면서 수면 부족은 집중력에 영향을 미친다. *당신은 더 많은 실수를 하거나 사고를 더 많이 낼 수 있다. 그것은 또한 당신의 감정에 영향을 준다. 당신은 더 자주 짜증이 나고, 화가 나고, 우울함을 느낄 수 있다. 당신은 수면 부족을 피할 방법을 찾아야 한다. 낮잠은 좋지만, 너무 늦게 낮잠을 자지 말아야 한다. 그렇지 않으면, 밤에 잠드는 데 어려움을 겪을 수 있다. *대신에 당신은 일정을 조정해야 한다. 그러면 당신은 충분한 수면을 얻을 수 있을 것이다.

구문해설

5행 **Over time**, sleep debt affects your ability *to focus*.
▶ Over time: 시간이 지나면서
▶ to focus: to부정사의 형용사적 용법 (your ability 수식)

6행 You **can** *feel annoyed, angry, or depressed* more often.
▶ can: …할 수 있다 (= be able to)
▶ feel + 형용사: …하게 느끼다 (2형식)

7행 Naps are good, but you **must not take** *them* too late in the day.
▶ must not + 동사원형: …해서는 안 된다
▶ them: naps를 가리킴

9행 Instead, you **have to adjust** your schedule.
▶ have to + 동사원형: …해야 한다

문제해설

1 주어진 문장은 수면 부족을 피할 방법을 찾아야 한다는 내용으로, 그 방법에 관해 서술한 문장 앞인 ③에 들어가는 것이 적절하다.

2 '…할 수 있을 것이다'는 「will be able to+동사원형」으로 나타낼 수 있다.

Chapter 1 동사의 이해

Unit 6 조동사 2

A 의무·충고의 의미

pp. 36-37

Check-up

1. 너는 거짓말을 해서는 안 된다.
2. 너는 정기적으로 운동을 해야 한다.
3. 너는 나쁜 습관들을 없애는 게 좋겠다.
4. 너는 패스트푸드를 많이 먹지 않는 게 좋겠다.

어휘 focus[fóukəs] ⓢ 집중하다 stay up 깨어 있다 tell a lie 거짓말을 하다 regularly[régjələrli] ⓟ 규칙적으로 break a habit 습관을 없애다

B 추측의 의미

Check-up

1. cannot[can't] **2.** must **3.** may[might]

어휘 fancy[fǽnsi] ⓐ 멋진 rumor[rúːmər] ⓝ 소문 married[mǽrid] ⓐ 결혼을 한 ill[il] ⓐ 아픈 make a mistake 실수를 하다 try one's best 최선을 다하다

C 그 외의 조동사

Check-up

1. We would rather take a taxi.
2. This old purse used to be red.
3. I used to play soccer
4. would you like to eat

어휘 go skiing 스키를 타러 가다 yard[jaːrd] ⓝ 마당, 뜰 technology[teknɑ́lədʒi] ⓝ 기술 purse[pəːrs] ⓝ (특히 여성용의) 지갑, 핸드백

Sentence Writing with Grammar

p. 38

1. You should give your seat
2. You had better[should] not go
3. The royal family must be rich.
4. They may[might] not be home.
5. That person cannot[can't] be Susan.
6. Would you like to have some ice cream?
7. I would rather order pizza.
8. He used to go jogging

어휘 give one's seat 자리를 양보하다 elderly[éldərli] ⓐ 연세가 드신 royal[rɔ́iəl] ⓐ 왕실의 go jogging 조깅하러 가다

Basic Reading

p. 39

A **1.** (A) cannot (B) should not

해석 당신은 실내에 있을 때는 번개에 맞을 리가 없다고 생각할지도 모릅니다. 하지만 그것은 사실이 아닙니다. 번개가 집 밖에 있는 전화선에 떨어져 실내로 이동할지도 모릅니다. 만약 당신이 전화기를 붙잡고 있다면, 번개는 여전히 당신에게 충격을 줄 수 있습니다. 그러므로 태풍 속에서 당신은 전화를 걸지 않는 게 좋습니다. 당신은 또한 당신의 모든 기기와 전자 장치를 꺼두는 게 좋습니다.

구문해설

1행 You **may** think that you *cannot be struck by lightning* when (**you are**) inside.
▶ may: …일지도 모른다 (추측)
▶ 조동사가 쓰인 수동태의 부정문: 조동사 + not + be + 과거분사 + by + 행위자
▶ when과 inside 사이에 you are가 생략됨

2행 Lightning **might** strike the phone line outside the house and travel inside.
▶ might: …일지도 모른다 (약한 추측)

5행 You **should** also turn off ....
▶ should: …해야 한다, …하는 게 좋다 (충고)

문제해설

1 (A) 실내에서는 번개를 맞을 리가 없다고 생각할 것이므로 cannot을 쓰는 것이 적절하다.
(B) 안전을 위해 전화를 걸지 않는 것이 좋을 것이므로 should not을 쓰는 것이 적절하다.

B **1.** this dog used to wait for **2.** ⑤

해석 Hatchiko 광장은 도쿄에 있는 매우 붐비는 광장이다. 그것의 이름은 어떤 개에서 비롯된다. 매일 오후에 이 개는 그곳에서 자기 주인을 기다리곤 했다. 어느 날, 그 남자가 죽었다. 그래서 그는 그곳에 있을 수 없었다. 하지만 그 개는 수년간 계속해서 기다렸다. 현재는 그 개도 죽었다. 하지만 그의 이름은 도쿄에 있는 모든 사람들에 의해서 기억된다.

구문해설

3행 But the dog **kept waiting** for years.
▶ keep v-ing: 계속해서 …하다

4행 But his name **is remembered by everyone** in Tokyo.
▶ 수동태: be동사 + 과거분사 + by 행위자

문제해설

1 '…하곤 했다'라는 의미의 과거의 습관을 나타내는 조동사는 used to이다.

2 Hatchiko 광장이 그 이름을 어떻게 얻게 되었는지를 설명하는 글이다.

Actual Reading

pp. 40-41

01 **1.** ① **2.** (A) should (B) had better
3. 해석의 별표(*)가 있는 문장 참고

해석 한 노부부는 일들을 기억하는 데 어려움을 겪고 있었다. *그들은 의사에게 갔고, 그는 그들에게 일들을 적기 시작해야 한다고 말했다. 그러던 어느 날 밤, 남편은 주방으로 가기 위해서 의자에서 일어났다. 그의 아내가 부탁했다. "초콜릿 시럽을 뿌리고 체리를 위에 얹은 바닐라 아이스크림 한 그릇을 가져다 주겠어요?" "물론이지."라고 그가 대답했다. 그러자 그의 아내가 말했다. "*당신은 그것을 적는 게 좋을 거에요. *당신이 잊어버릴지도 모르잖아요." "아니, 나는 그걸 기억할 수 있소!" 그는 주방 안으로 들어가면서 소리쳤다. 그는 20분 후에 돌아왔고, 그의 아내에게 베이컨과 달걀이 있는 접시를 건네주었다. 그녀는 그것을 보고 화가 나서 소리쳤다. "나는 이것을 먹을 수 없어요! 당신이 내 토스트를 잊었잖아요!"

구문해설

2행 ..., and he **told them that** they should start *writing* things *down*.
▶ tell + 간접목적어(them) + 직접목적어(that절): …에게 ~을 말하다
▶ write down: 써두다, 적다

3행 Then, one night, the husband got up from his chair **to go** to the kitchen.
▶ to go: to부정사의 부사적 용법 (목적)

7행 "No, I can remember that!" he yelled **as** he went into the kitchen.
▶ as: …하면서 (동시동작)

8행 ... and **handed his wife a plate of bacon and eggs**.
▶ hand + 간접목적어 + 직접목적어: …에게 ~을 건네주다

문제해설

1 노부부가 기억하는 데 어려움을 겪어 생긴 유머러스한 일에 대한 글이다.
① 웃기는 ② 차분한 ③ 신 나는 ④ 평화로운 ⑤ 낭만적인

2 (A) 의사가 노부부에게 일들을 기록하도록 충고하고 있으므로 should를 쓰는 것이 적절하다.
(B) 아내가 남편에게 자신이 한 말을 기록하는 편이 좋겠다며 충고하고 있으므로 had better를 쓰는 것이 적절하다.

02 **1.** ⑤ **2.** ③ **3.** 해석의 별표(*)가 있는 문장 참고

해석 여러분, 안녕! 내 이름은 Roberto예요. 나는 베니스에 살아요.
매년 11월에서 2월 사이에 베니스의 해수면이 상승합니다. 그 물은 도시의 70퍼센트를 덮을 수 있어요. 사람들은 이것을 acqua alta라고 부릅니다. 그것은 '높은 물'이라는 뜻이에요.
*여러분은 "그것은 위험할 것임에 틀림없어!"라고 생각할지도 몰라요. 하지만 걱정할 필요가 없어요. 물은 매우 천천히 그리고 완만하게 상승합니다. 그리고 그것은 몇 시간 후에 다시 내려갑니다. (높은 파도는 당신이 보트를 탈 때 당신을 신나게 해줍니다.) 또한, 사람들에게 경고하기 위해 사이렌이 켜집니다. 모든 사람들이 acqua alta에서 생존하고, 건물들과 예술품들도 괜찮습니다.
게다가 일부 지역에서는 높이 올려진 보도가 있습니다. *그러므로 여러분이 만약 acqua alta 동안에 돌아다니고 싶다면, 여러분은 도시를 즐길 수 있습니다. *여러분의 여행 동안 그것을 경험하는 것은 오히려 재미있을지도 모릅니다!

구문해설

2행 Every year **between** November **and** February, the sea levels in Venice rise.
▶ between A and B: A와 B 사이에

3행 People **call it *acqua alta***.
▶ call + 목적어 + 목적격보어(명사): …을 ~라고 부르다

5행 You **might** be thinking "That *must* be dangerous!"
▶ might: …일지도 모른다 (약한 추측)
▶ must: …임에 틀림없다 (강한 추측)

7행 Also, sirens **are turned on** *to warn* people.
▶ 동사구 turn on이 쓰인 수동태 (by 행위자 생략)
▶ to warn: to부정사의 부사적 용법 (목적)

10행 So, if you **would like to** walk around *during acqua alta*, ...
▶ would like to: …하고 싶다
▶ during + 특정 기간: …동안

12행 **It** might even be fun **to experience it during your trip**!
▶ It은 가주어, to experience 이하는 진주어

문제해설

1 ⑤ acqua alta 기간에 여행하는 것은 오히려 즐거운 경험이 될 수 있을 것이라고 하였다.

2 acqua alta가 발생하여도 걱정할 필요가 없는 이유를 설명하는 부분에서 높은 파도 속에서 보트 타는 것의 즐거움을 이야기하는 내용은 흐름에 맞지 않는다.

Word Review
p. 42

1. 준비하다 **2.** 여러 가지의 **3.** 산업 **4.** …을 제외하고 **5.** 뒤쪽의 **6.** 승객 **7.** 졸업, 졸업식 **8.** 축하하다 **9.** 폭력적인, 난폭한 **10.** 제안하다 **11.** 진정하다; 진정시키다 **12.** 전문가 **13.** 전투, 싸움 **14.** (거리가) 먼; 원격의 **15.** 회복되다 **16.** 경쟁하다; (시합 등에) 참가하다 **17.** 불에 타다 **18.** 악취가 나는 **19.** 무기 **20.** 질병 **21.** 모기 **22.** 발견하다 **23.** 상 **24.** 배달하다 **25.** 정부 **26.** 담고 있다, 포함하다 **27.** 사라지다 **28.** 취소하다 **29.** 복종하다, 지키다 **30.** 온도, 기온 **31.** 익숙한 **32.** 영향을 끼치다 **33.** 요인, 인자 **34.** 관계 **35.** 필요로 하다 **36.** 집중하다 **37.** 사고 **38.** 감정, 정서 **39.** 경고하다 **40.** 살아남다, 생존하다

Chapter 2 준동사

Unit 1 to부정사 1

A 명사적 용법
pp. 44-45

Check-up

1. 목적어 / 우리는 당신을 곧 보는 것을 기대한다.
2. 보어 / 그의 계획은 독일에서 공부하는 것이다.
3. 주어 / 당신과 함께 걷는 것은 나를 행복하게 한다.

어휘 skill [skil] 명 기술 decide [disáid] 동 결정하다 marry [mǽri] 동 결혼하다 space [speis] 명 우주

B 형용사적 용법

Check-up

1. a brush to paint with
2. something nice to give

1. 너는 칠하는 데 쓸 붓을 샀니?
2. 나는 너에게 줄 좋은 것을 준비했어.

어휘 brush [brʌʃ] 명 붓 prepare [pripέər] 동 준비하다

C 부사적 용법

Check-up

1. 그녀는 차를 만들기 위해서 물을 끓였다.
2. 이 단어는 기억하기에 어렵다.
3. 그녀는 자라서 유명한 감독이 되었다.
4. Jenny는 그녀 자신의 방을 갖게 되어서 신이 난다.
5. 저 이야기를 믿다니 그는 어리석음에 틀림없다.

어휘 cousin [kʌzn] 명 사촌 genius [dʒíːnjəs] 명 천재 boil [bɔil] 동 끓이다 director [diréktər] 명 감독 foolish [fúːliʃ] 형 어리석은

D 가주어와 진주어, 의미상 주어

Check-up

1. is important to save
2. is fun for her to teach
3. is silly of you to believe

어휘 master [mǽstər] 동 …을 완전히 익히다, …에 숙달하다 impossible [impɑ́səbl] 형 불가능한 careful [kέərfəl] 형 조심하는, 주의 깊은 silly [síli] 형 어리석은 liar [lɑ́iər] 명 거짓말쟁이

Sentence Writing with Grammar
p. 46

1. To change your habits
2. Barbara needs someone to talk with.
3. Harry went to the library (in order) to borrow

4. My grandfather lived to be
5. They were pleased to come back
6. His house is difficult to find.
7. smart to get a perfect score
8. is kind of Mike to lend

어휘 pleased[pli:zd] ⓗ 기쁜, 만족해하는 perfect[pə́:rfikt] ⓗ 완벽한 score[skɔ:r] ⓜ 점수 lend[lend] ⓢ 빌려주다

Basic Reading

p. 47

A 1. (1) T (2) F
2. 오랜 전통은 일출을 보기 위해 일찍 일어나는 것이다.

해석 Tai Shan은 중국의 성스러운 다섯 산들 중 하나이다. 매년 수천 명의 사람들이 그 산을 오르기 위해 방문한다. (오르는 데에는) 하루가 걸리고, 정상에 있는 큰 사원과 같은 많은 볼거리들이 있다. 오랜 전통은 일출을 보기 위해 일찍 일어나는 것이다. 산 정상에서 태양이 떠오르는 것을 보는 것은 특별한 경험이다.

구문해설

1행 Every year, **thousands of** people visit *to hike* the mountain.
▸thousands of: 수천의
▸to hike: to부정사의 부사적 용법 (목적)

2행 ..., and there are many things **to see**, *such as* a large temple at the top.
▸to see: to부정사의 형용사적 용법 (many things 수식)
▸ such as: …와 같은 (예시)

4행 **It** is a special experience ***to watch the sun come up*** ....
▸It은 가주어, to watch 이하는 진주어
▸ watch(지각동사) + 목적어 + 목적격보어(동사원형): … 이 ~하는 것을 보다

문제해설

1 (2) 세 번째 문장에서 정상에 오르는 데는 하루가 걸린다고 했다.

2 to wake는 to부정사의 명사적 용법 중 보어의 역할을 하는 것으로 '…하는 것(이다)'로 해석하며, to watch는 to부정사의 부사적 용법 중 목적의 의미를 갖는 것으로 '…하기 위해'로 해석한다.

B 1. for Andrew to get up

해석 Andrew가 그의 개와 함께 걷고 있었다. 갑자기 그는 어떤 소음을 들었고 큰 황소를 보았다. 그것은 그들을 향해 달려오고 있었다. 그들은 달리기 시작했지만 Andrew는 걸려 넘어지고 말았다! 그 황소는 너무 빨랐다. Andrew가 일어나서 달아나기는 힘들었다. 그러나 그때, 개가 그의 앞에 섰다. 개가 매우 크게 짖었고, 황소가 멈췄다. Andrew는 무사히 달아날 수 있었다.

구문해설

2행 They began **to run**, but Andrew tripped and fell!
▸to run: to부정사의 명사적 용법 (목적어)

4행 But then, the dog stood **in front of** him.
▸in front of: …의 앞에

문제해설

1 to부정사가 주어일 때 가주어 it을 주어 자리에 놓고, 진주어인 to부정사를 뒤에 배치할 수 있다. to부정사의 의미상 주어는 to부정사 앞에 「for + 목적격」의 형태로 쓴다.

Actual Reading

pp. 48-49

01 1. ④ 2. 사람들이 제품들을 보고 만지며 확인해보고 싶어하기 때문에 3. 해석의 별표(*)가 있는 문장 참고

해석 *당신이 새 디지털 카메라를 사는 것을 바란다고 상상해보라. 당신은 인터넷에서 후기들을 확인한다. 당신은 또한 친구들로부터 의견을 얻는다. 그러고 나서 당신은 상점으로 가서 카메라들을 살펴본다. *당신은 한 멋진 카메라를 사기로 결정한다. 하지만 당신은 그 상점에서 그것을 사지 않는다. 당신은 그냥 집으로 가서 웹사이트에서 가장 좋은 가격으로 그것을 주문한다. 당신은 'showroomer'이다. showrooming은 인기 있는 추세이다. 웹사이트들은 보통 상점들보다 더 저렴한 가격을 제안한다. *하지만 사람들은 여전히 제품을 보고 만지고 싶어한다. *그래서 그들은 그것을 확인하기 위해 상점으로 가지만, 그것을 온라인에서 구매한다. *따라서 이 구매자들에게 상점은 제품들을 사는 장소가 아니다. 그들에게 상점들은 단지 전시장이다.

구문해설

6행 Websites usually offer a **cheaper** price **than** stores.
▸cheaper than: 형용사 cheap의 비교급이 사용된 비교표현

7행 So they go to the store **to *check*** it *out*, ...
▸to check: to부정사의 부사적 용법 (목적)
▸check out: …을 확인[조사]하다

9행 Therefore, for these shoppers, stores are not places **to buy** products **from**.
▸to buy: to부정사의 형용사적 용법 (places를 목적어로 취하기 위해 전치사 from 사용)

문제해설

1 James는 영어를 공부하기 위해서 영국으로 갔다.
밑줄 친 to study는 목적을 나타내는 to부정사의 부사적 용법으로 쓰였다. 이와 같은 용법이 쓰인 것은 ④이다. ①, ②, ③은 to부정사의 명사적 용법, ⑤는 형용사적 용법이다.

2 Q: 지문에 따르면, 왜 사람들이 온라인 사이트에서 제품들을 사기 전에 상점에 가는가?
7~9행에 그 이유가 나와 있다.

02 1. was no road to use 2. ①
3. 해석의 별표(*)가 있는 문장 참고

해석 Dashrath Manjhi는 인도의 농부였다. 어느 날 그의 아내가 매우 아팠다. 애석하게도 그녀는 제때에 의료적인 도움을 받을 수 없었기 때문에 죽었다. 가장 근처에 사는 의사가 다른 마을에 살고 있었지만 이용할 길이 없었다. *그들은 그곳에 가기 위해서 산을 넘어가야만 했다. *그의 아내의 사망 이후에 Manjhi는 그 문제를 해결하고 싶었다. 그래서 그는 산을 통과하는 길을 내기 시작했다! *그가 그 계획을 끝마치는 데 22년이 걸렸다. 그 길은 길이가 110미터이고 폭이 10미터였다. 보다 중요한 것은 그 의사가 사는 마을까지의 거리가 75킬로미터에서 단 1킬로미터로 줄어들었다는 것이다. Manjhi는 그의 업적으로 유명해졌다. 그의 노고 덕분에 이제 그의 마을 사람들은 의료적인 도움을 쉽게 받을 수 있다.

구문해설

3행 They **had to** travel over a mountain *to get* there.
▶had to: …해야 했다 (have to의 과거형)
▶to get: to부정사의 부사적 용법 (목적)

4행 **It took him 22 years to complete** the project.
▶It takes+사람+시간+to-v: …이 ~하는 데 …만큼의 시간이 걸리다

6행 ..., **the distance** to the doctor's village ***was reduced*** **from** 75 kilometers **to** just one kilometer.
▶the distance가 주어, was reduced가 동사
▶was reduced: 수동태 (by+행위자 생략)
▶reduce from A to B: A에서 B로 줄이다

문제해설

1 '…할'이라는 의미의 형용사적 용법의 to부정사는 수식하는 명사 다음에 위치한다.

2 주어진 문장은 Manjhi가 문제를 해결하기 위해 취한 행동을 보여주고 있으므로 ①에 들어가는 것이 적절하다.

Chapter 2 준동사

Unit 2 to부정사 2

A to부정사가 목적격보어로 쓰이는 경우

pp. 50-51

Check-up

1. him to follow
2. her to keep a secret
3. me to stay inside
4. them to find a new job

어휘 order[ɔ́ːrdər] 동 명령하다 gun[gʌn] 명 총 advise [ədváiz] 동 조언하다, 권고하다 direction[dirékʃən] 명 지시 keep a secret 비밀을 지키다

B 원형부정사가 목적격보어로 쓰이는 경우

Check-up

1. me look thin 2. a dog chase[chasing]

어휘 land[lænd] 동 내려앉다, 착륙하다 branch[bræntʃ] 명 나뭇가지 thin[θin] 형 마른 chase[tʃeis] 동 쫓아가다

C to부정사를 포함하는 주요 표현

Check-up

1. too heavy to be moved
2. so fat that I can't wear
3. so tall that he can reach
4 big enough to hold

1. 이 탁자는 너무 무거워서 움직여질 수가 없다.
2. 나는 너무 뚱뚱해서 이 바지를 입을 수 없다.
3. 그 남자아이는 천장에 닿을 정도로 충분히 키가 크다.
4. 내 가방은 매우 커서 그 안에 많은 책을 담을 수 있다.

어휘 move[muːv] 동 움직이다, 옮기다 reach[riːtʃ] 동 …에 닿다 ceiling[síːliŋ] 명 천장 hold[hould] 동 담다, 수용하다

D 의문사+to부정사

Check-up

1. where to have 2. how to sing

Sentence Writing with Grammar p. 52

1. Mr. Smith told us to wait.
2. My company doesn't allow me to wear jeans.
3. She had the workers move
4. This T-shirt is too big to wear.
5. He is so young that he can't ride
6. They are kind enough to share their food
7. This horse is so fast that it can win
8. teach me how to use[how I should use]

어휘 furniture[fə́ːrnitʃər] 명 가구 share[ʃɛər] 동 나누다 win [win] 동 이기다 race[reis] 명 경주

Basic Reading p. 53

A 1. (A) to cut (B) recycle

해석 노르웨이 사람들은 플라스틱병 안에 담긴 물건을 살 때 병에 대한 약간의 요금을 지불한다. 그들은 병을 다 쓰고 난 후에,

특수 기계에 그것을 넣을 수 있다. 이 기계는 병을 받고 나서 그 사람에게 요금을 반환한다. 이것은 "빈 병 회수기(거꾸로 돈을 주는 자판기)"라고 불린다. 노르웨이는 이 기계들이 플라스틱 쓰레기를 줄여주기를 기대했다. 그것들은 정말로 사람들이 더 많이 재활용하도록 만들었다. 노르웨이는 플라스틱병의 97퍼센트를 재활용할 수 있었다.

구문해설

2행 After they **finish using** the bottle, they can *put* it *in* a special machine.
▶ finish v-ing: …하는 것을 끝내다
▶ put A in B: A를 B 안에 넣다

4행 This **is called** a "reverse vending machine."
▶ is called: be동사+과거분사 (by+행위자가 생략된 수동태)

5행 Norway **expected these machines to cut** plastic waste.
▶ expect+목적어+목적격보어(to부정사): …이 ~하는 것을 기대하다

5행 They really **made people recycle** more.
▶ make+목적어+목적격보어(원형부정사): …이 ~하게 만들다

문제해설

1 (A) expect는 목적격보어로 to부정사를 취한다.
(B) 사역동사 make는 목적격보어로 원형부정사를 취한다.

B 1. what to eat[what you should eat] 2. ④, ⑤

해석 당신은 살을 빼는 것을 원하시나요? 그렇다면 아침으로 무엇을 먹을지 아세요? 저는 오트밀을 강력히 추천합니다. 그 안에는 더 많은 단백질이 있기 때문에 시리얼보다 더 좋습니다. 또한 소화되는 데 더 오래 걸립니다. 이것은 당신이 더 오래 포만감을 느낀다는 것을 의미합니다. 그리고 그것을 탈지유나 요거트와 함께 먹는 것이 가장 좋습니다. 오늘 시도해 보세요!

구문해설

2행 It is **better than** cereal ....
▶better than: …보다 더 좋은 (good의 비교급 사용)

4행 And, **it** is best **to have it with skimmed milk or yogurt**.
▶It은 가주어, to have 이하는 진주어

문제해설

1 '무엇을 …할지'라는 의미는 what to-v로 나타낼 수 있다. 이는 「what+주어+should+동사원형」으로도 바꿔 쓸 수 있다.

2 오트밀은 시리얼보다 단백질이 더 많고, 포만감을 오랫동안 느끼게 해준다고 했다.

Actual Reading

pp. 54-55

01 1. ② 2. (A) to steal (B) to believe
3. 해석의 별표(*)가 있는 문장 참고

해석 「도둑이야!」는 한 십 대 소녀의 이야기이다. 그녀의 이름은 Lydia이다. 그녀는 학교 친구인 Anne의 동아리에 가입하고 싶어한다. 어느 날, Anne은 Lydia에게 흥미로운 제안을 한다. *그녀는 Lydia가 학교에 있는 스포츠 우승컵을 훔치기를 원한다! *만약 그녀가 그렇게 한다면 Anne은 Lydia가 그녀의 동아리에 들어오게 해주겠다고 말한다. 하지만 Lydia는 훔치고 싶지 않아서 거절한다. 그러나 다음날 그녀의 사물함에서 그 우승컵이 발견되었을 때, 사람들은 그녀를 도둑이라고 부른다! 그녀는 Anne이 그랬다는 것을 알지만, 그녀는 그것을 증명할 수가 없다. *그녀는 어떻게 사람들이 그녀가 도둑이 아니라는 걸 믿게 할 수 있을까? 책을 읽고 찾아내보기를 바란다! 내 의견으로는 그 책은 놀라운 내용으로 가득하다. 그 안에는 엄청난 반전도 있다! 이 책은 분명히 이제 내가 가장 좋아하는 것들 중 하나이다.

구문해설

5행 The next day, however, people **call her a thief** when the cup *is found* in her locker!
▶call+목적어+목적격보어(명사): …을 ~라고 부르다
▶is found: by+행위자가 생략된 수동태

8행 **Read** the book and ***find** out*!
▶동사원형: …해라 (명령문)
▶find out: 알아내다

8행 **In my opinion**, the book *is full of* surprises.
▶in one's opinion: …의 의견으로는
▶be full of: …로 가득 차다

문제해설

1 ②는 Anne을 가리키고, 나머지는 모두 Lydia를 가리킨다.

2 want와 get 모두 목적격보어로 to부정사를 취한다.

02 1. ⑤ 2. too short to play
3. 해석의 별표(*)가 있는 문장 참고

해석 옛날에 한 소년이 농구를 정말 좋아했지만 그의 학교 팀에 들어갈 수 없었다. "코치님이 나는 키가 너무 작아서 농구를 할 수 없다고 말씀하셨어요." 그 소년은 그의 아버지에게 말했다. "*나는 운동을 할 정도로 충분히 키가 크지 않아요."
그의 아버지는 그를 껴안아 주면서 말했다. "농구는 단지 키가 큰 것만으로 되는 것이 아니야. 연습, 투지, 그리고 노력이 가장 중요한 것들이야. 그것들이 너를 위대한 선수로 만들어 줄 거다."
그 소년은 그 말들을 절대 잊지 않았다. 그는 연습하기 위해서 매일 일찍 일어났다. *그는 연습을 매우 열심히 해서 그다음 해에 팀에 들어갈 수 있었다.
그 작은 소년은 마이클 조던이었다. 오늘날 그는 역사상 가장 위대한 농구 선수들 중 한 명으로 여겨진다!

구문해설

1행 ..., but he **wasn't able to** join his school's team.
▸be동사의 과거형+not able to: …할 수 없었다 (= could not)

3행 "I'm not tall **enough to play** the sport."
▸… enough to-v: …할 정도로 충분히 ~한

4행 ..., "Basketball isn't just about **being** tall...."
▸being: 전치사 about의 목적어로 쓰인 동명사

5행 They will **make you a great player**.
▸make+목적어+목적격보어(명사): …을 ~으로 만들다

8행 He practiced **so** hard **that he could join** the team the next year.
▸so … that+주어+can+동사원형: 매우 …해서 ~할 수 있다 (= … enough to-v)

10행 Today, he **is regarded** *as* **one of the greatest basketball players** *in history*!
▸is regarded: by 행위자가 생략된 수동태
▸as: …로(서)
▸one of the+최상급+복수명사: 가장 …한 것들 중의 하나
▸in history: 역사상

문제해설

1 키가 작아서 고민이었던 마이클 조던이 포기하지 않고 노력을 통해 최고의 농구 선수가 되었다는 내용의 글이다.

2 '너무 …해서 ~할 수 없는'의 의미는 「too … to-v」로 나타낼 수 있다.

Chapter 2 준동사

Unit 3 동명사

A 동명사의 역할

pp. 56-57

Check-up

1. good at driving
2. is riding a bike
3. practiced playing drums
4. Saving electricity isn't difficult

어휘 key[kiː] 명 열쇠; *비결 activity[æktívəti] 명 활동 electricity[ilektrísəti] 명 전기

B 동명사와 to부정사

Check-up

1. hates making[to make] mistakes
2. agreed to meet
3. tried to remember

어휘 avoid[əvɔ́id] 동 피하다 mind[maind] 동 언짢아하다, 상관하다 deny[dinái] 동 부인하다 consider[kənsídər] 동 고려하다, 여기다 agree[əgríː] 동 동의하다 continue[kəntínjuː] 동 계속하다

C 동명사가 쓰인 주요 표현

Check-up

1. How about going for a walk?
2. I cannot[can't] help feeling disappointed.

어휘 fog[fɔːg] 명 안개 go for a walk 산책하러 가다 disappointed[dìsəpɔ́intid] 형 실망한

Sentence Writing with Grammar

p. 58

1. Drinking soda is bad
2. Thank you for inviting us
3. His hobby is listening to
4. We don't mind getting wet
5. Cary decided to become a scientist.
6. I started keeping[to keep] a diary
7. He doesn't remember sending a text message
8. We look forward to seeing you

어휘 soda[sóudə] 명 탄산음료 wet[wet] 형 젖은 keep a diary 일기를 쓰다 text message 문자 메시지

Basic Reading

p. 59

A 1. ⑤

해석 Karen에게,
저의 할머니께서 지난주에 돌아가셨어요. 할머니에 대해서 말하는 것은 어머니를 울게 만들기 때문에, 우리는 할머니에 대해서 어떤 것도 말하는 것을 피하고 있어요. 저도 할머니를 사랑했지만, 다시 돌아오실 수 없기 때문에 우는 것은 소용이 없어요. 그래도 저는 계속해서 울지 않을 수가 없어요. 할머니에 대해서 생각하는 것을 그만두려면 제가 무엇을 해야 할까요?
슬픈 소녀가

구문해설

2행 Because **talking** about her *makes my mother cry*, we **avoid saying** anything about her.
▸talking: 주어 역할을 하는 동명사
▸make+목적어+목적격보어(원형부정사): …이 ~하게 만들다
▸avoid v-ing: …하는 것을 피하다

5행 Still, I can't help crying **over and over again**.
▸over and over (again): 여러 번 되풀이하여

문제해설

1 (A) '…해도 소용없다'라는 의미는 it is no use v-ing로 나타낸다.
(B) '…하지 않을 수 없다'라는 의미는 cannot help v-ing로 나타낸다.
(C) 문맥상 '우는 것을 멈추다'라는 의미가 자연스러우므로 stop 뒤에 동명사를 쓰는 것이 적절하다.

B **1.** ⑤ **2.** (A) getting (B) living

해석 기차역 근처에서 산다는 것이 멋지게 들릴 지도 모른다. 하지만 베트남 하노이에서는 기차가 거리를 따라 운행하는데, 사람들의 현관문 바로 옆이다. 그것은 너무 가깝다! 매일 오후 4시와 7시에 기차가 오고 사람들은 다치는 것을 두려워하기 때문에 보통 숨는다. 소음과 위험 때문에 사람들이 그곳에서 사는 것을 즐기기가 어렵다.

구문해설

1행 **Living** near a train station may *sound nice*.
▶Living: 문장에서 주어 역할을 하는 동명사
▶sound+형용사: …하게 들리다

4행 **Due to** the noise and danger, *it*'s hard *for people to enjoy living there*.
▶due to: … 때문에
▶it은 가주어, for people은 의미상 주어, to enjoy 이하는 진주어

문제해설

1 기차가 집 근처로 지나가서 겪게 되는 문제점에 대해서 이야기하고 있다.
① 기차에서 안전하게 있기
② 베트남에서 기차가 운행되는 방식
③ 베트남의 기차 시간표
④ 도시에서 기차가 붐비는 시간
⑤ 기차 근처에 사는 것의 문제점

2 (A) 전치사 of의 목적어로 동명사를 쓰는 것이 적절하다.
(B) enjoy는 동명사만을 목적어로 취하는 동사이다.

Actual Reading

pp. 60-61

01 **1.** ② **2.** (A) running (B) doing[to do]
3. 해석의 별표(*)가 있는 문장 참고

해석 *오랫동안 달리는 것은 당신을 지치게 한다. *또한 당신은 포기하고 싶은 마음이 들지도 모른다. 그러나 나중의 어느 시점에서 달리는 것이 더 쉬워진다. 이것은 당신이 '세컨드 윈드'를 갖게 되었기 때문이다.
그것은 보통 당신이 더는 계속할 수 없다고 생각한 이후의 어느 시점에서 발생한다. *만약 당신이 그 순간을 견뎌낸다면, 당신의 몸은 새로운 에너지를 찾을 것이고 당신은 계속해서 달릴 수 있을 것이다. 이것은 우리 인생의 다른 부분들에서도 발생한다. 당신이 어떤 일을 오랫동안 할 때, 당신은 피곤해지고 그만두고 싶어한다. 하지만 당신이 그것을 계속해서 한다면, 당신은 세컨드 윈드를 갖게 될 것이고 상쾌한 기분을 느낄 것이다.
그러므로 포기하지 마라. 지금 당신은 힘든 시간을 보내고 있을지도 모르지만, 곧 당신의 세컨드 윈드를 갖게 될 것이다.

구문해설

1행 **Running** for a long time *makes you exhausted*.
▶Running: 문장에서 주어 역할을 하는 동명사
▶make+목적어+목적격보어(형용사): …을 ~하게 만들다

1행 You may also **feel like giving** up.
▶feel like v-ing: …하고 싶다

4행 It usually happens some time after you think you ca**n't** go on **any more**.
▶not ... any more: 더는 … 않다

문제해설

1 포기하고 싶은 순간을 견뎌내면 새 에너지를 얻을 수 있다는 내용이므로 ② '고생 끝에 낙이 온다'와 관련이 있다.

2 (A) keep on v-ing는 '…하는 것을 계속하다'라는 의미의 표현이다.
(B) continue는 동명사와 to부정사 둘 다를 목적어로 취하는 동사이다.

02 **1.** left, right, opposite **2.** forget to make
3. 해석의 별표(*)가 있는 문장 참고

해석 *어떤 일들을 기억하는 것이 당신에게 어려운가? *그러면 주먹을 쥐어보는 것은 어떨까? 한 연구에서 연구원들은 36개의 단어 목록과 공 한 개를 학생 50명에게 주었다. 어떤 학생들은 그 단어들을 외울 때 공을 오른손으로 꽉 잡았다. 그리고 그들은 그 단어들을 기억해낼 때 왼손으로 그것을 잡았다. 그들은 약 10개의 단어를 기억해냈다. 다른 학생들은 반대로 실험을 했다. 그들은 약 6개의 단어를 기억해냈다.
이 비법이 어떻게 효과가 있을까? 그 비밀은 우리의 뇌에 있다. 좌뇌는 정보를 저장하고 오른손과 연결되어 있다. 우뇌는 정보를 기억해내고 왼손과 연결되어 있다. 그러므로 기억력을 향상시키고 싶다면, 주먹을 쥐는 것을 잊지 마라. 그러나 어느 쪽 손을 사용할지 신중하게 선택해라!

구문해설

1행 Is **remembering** things difficult for you?
▶remembering: 문장에서 주어 역할을 하는 동명사

7행 The left side of the brain stores information and (**the left side of the brain**) *is connected to* the right hand.
▶문장 앞에 나온 주어와 동일한 주어가 생략된 형태
▶be connected to: …와 연결되다

10행 But choose **which hand to use** carefully!
▶which(의문형용사)+명사+to-v: 어느 …을 ~할지

문제해설

1 좌뇌는 정보를 저장한다. 오른손으로 주먹을 쥐는 것은 뇌의 이 측면을 활성화할 수 있다. 그것은 우리 각각의 손이 뇌의 반대 측면과 연결되어 있기 때문이다.

2 '(미래에) …할 것을 잊다'라는 의미는 forget to-v로 나타낼 수 있다.

Chapter 2 준동사

Unit 4 분사

A 분사의 종류와 의미

pp. 62-63

Check-up

1. barking / 저 짖고 있는 개는 Tom의 것이다.
2. fallen / 땅 위에 떨어진 사과들이 있다.
3. disappointed / 나는 그 소식에 실망했다.

어휘 bark[baːrk] ⑧ 짖다 fall[fɔːl] ⑧ 떨어지다 disappoint[dìsəpɔ́int] ⑧ 실망시키다

B 분사의 쓰임

Check-up

1. sleeping / 자고 있는 저 아기가 귀여워 보인다.
2. fixed / 나는 어제 내 차가 수리되도록 했다.
3. boring / 그 컴퓨터 게임은 지루해 보인다.
4. planted / 그는 그의 정원에 심어진 그 나무를 좋아한다.

어휘 plant[plænt] ⑧ 심다

C 분사구문

Check-up

1. Finishing my homework, I watched TV.
2. Feeling thirsty, he drank a lot of water.
3. Waiting for the bus, we read some books.
4. Being very sick, I was absent from school.
5. Staying in the hotel, I enjoyed the room service.

1. 나는 숙제를 마친 후에 TV를 보았다.
2. 그는 목이 말랐기 때문에 많은 물을 마셨다.
3. 버스를 기다리면서 우리는 책을 좀 읽었다.
4. 매우 아파서, 나는 학교에 결석했다.
5. 그 호텔에 머물렀을 때, 나는 룸서비스를 즐겼다.

어휘 arrive[əráiv] ⑧ 도착하다 thirsty[θə́ːrsti] ⑱ 목이 마른 absent[ǽbsənt] ⑱ 결석한

Sentence Writing with Grammar

p. 64

1. Look at that smiling girl
2. My camera was broken
3. This book is boring. / I feel bored
4. were many excited people
5. Her cousin is that man reading the newspaper.
6. The letter was written
7. I saw a girl singing a beautiful song.
8. Waving her hand, she got on the train.

어휘 break[breik] ⑧ 고장 내다 stadium[stéidiəm] ⑲ 경기장 wave[weiv] ⑧ 흔들다 get on (버스·기차 등에) 타다

Basic Reading

p. 65

A 1. ④ 2. (A) called (B) named

해석 미국의 산과 계곡에는 몇몇 흥미로운 이름들이 있습니다. 어떤 곳들은 동물의 이름을 갖고 있습니다. 예를 들어, Bear Mountain이라고 불리는 곳이 있습니다. 사람들은 그곳에 곰들이 살고 있기 때문에 그곳이 그런 이름을 갖게 되었다고 생각합니다. 또한 식물의 이름을 따서 이름 지어진 곳들도 있습니다. 많은 사과 나무로 잘 알려진 계곡이 있었는데, 사람들은 그곳을 Apple Valley라고 이름 지었습니다.

구문해설

1행 There are some **interesting** names for mountains and valleys in America.
▸interesting: 감정을 일으키는 경우로 현재분사 사용 (names 수식)

5행 There was a valley **well known for its many apple trees**, and people *named it Apple Valley*.
▸ well known for its many apple trees는 앞의 a valley를 수식하는 과거분사구
▸ name + 목적어 + 목적격보어(명사): …을 ~라고 이름 짓다

문제해설

1 미국의 흥미로운 지명들이 어떻게 만들어졌는지에 대해 설명하는 글이다.

2 (A) 장소가 '(…라고) 불리는'이라는 수동의 의미가 자연스러우므로 과거분사 called를 쓰는 것이 적절하다.
(B) 장소의 이름이 '지어지는'이라는 수동의 의미가 자연스러우므로 과거분사 named를 쓰는 것이 적절하다.

B 1. Being excited to hear this

해석 어느 날, 꼬마 Jimmy는 그의 아빠에게 말했다. "아빠가 돈을 절약하실 수 있는 방법을 전 알아요." 이것을 듣고 신이 나서 그 소년의 아버지가 물어보았다. "방법을 말해주겠니?" "제

가 수학 시험을 통과하면 저에게 10달러를 주시기로 약속하셨던 것 기억하세요?" Jimmy가 말했다. "응, 그랬었지."라고 아버지가 대답했다. 그러자 Jimmy가 "음, 저에게 돈을 주실 필요가 없어요."라고 말했다.

구문해설

1행 ..., "I know **how you can save** some money."
▸의문사+주어+동사 (의문사절)

2행 As he was **excited** to hear this, ...
▸excited: 감정을 느끼게 되는 경우로 과거분사 사용 (주격보어)

5행 ..., "Well, you **don't have to** pay me."
▸don't have to: …할 필요가 없다 (= don't need to[need not])

문제해설

1 부사절에서 접속사(As)를 없애고, (주절과 부사절의 주어가 같을 경우) 주어(he)를 없앤 후, 동사를 v-ing 형태로 고쳐서 분사구문을 만들 수 있다.

Actual Reading

pp. 66-67

01 **1.** ③ **2.** (A) fixing (B) recycled
3. 해석의 별표(*)가 있는 문장 참고

해석 병과 캔은 재활용하기가 쉽습니다. 하지만 당신은 칫솔을 재활용하는 것에 대해 생각해 본 적이 있습니까? 만약 개개인이 해마다 네 개의 칫솔을 쓴다면, 미국에서만 칫솔 12억 5천만 개가 버려질 것입니다! 그것은 엄청난 양의 쓰레기입니다.
*다행히도 이 문제를 바로잡고 있는 미국 회사가 있습니다. 처음에 그들은 요구르트 컵들로 칫솔들을 만들었습니다. *하지만 사람들은 그 재활용된 칫솔들을 사용하고 난 후에 그것들을 여전히 쓰레기로 버렸습니다. 그래서 그 회사는 우편 요금이 무료인 새 포장용기를 만들었습니다. 오래된 칫솔을 버리는 대신, 고객은 무료로 그것을 그 회사에 다시 보낼 수 있습니다. *그러면 회사에서는 사용한 칫솔을 판자를 깔아 만든 길과 소풍용 탁자를 만들기 위한 플라스틱 재료로 바꿉니다. 이런 식으로 칫솔은 100퍼센트 재활용됩니다.

구문해설

1행 But **have you ever thought** about *recycling* your toothbrush?
▸Have+주어+ever+과거분사 …?: …해본 적이 있니? (현재완료 의문문 (경험))
▸recycling: 동명사 (전치사의 목적어)

3행 ..., 1.25 billion toothbrushes **will be *thrown away*** — just in America!
▸동사구(throw away)의 수동태 (미래시제)
▸throw away: 버리다

8행 **Instead of** *throwing* away the old toothbrush, ...
▸instead of: …대신에
▸throwing: 동명사 (전치사의 목적어)

9행 Then the company **turns** the *used* toothbrush **into** plastic material ....
▸turn A into B: A를 B로 바꾸다
▸used: 수동·완료의 의미인 과거분사 (뒤의 toothbrush 수식)

문제해설

1 계속적으로 재활용되어 환경에 미치는 악영향을 최소화한 칫솔에 관한 글이다.
① 칫솔을 재활용하는 데 어려운 점들
② 병으로 칫솔을 만드는 방법
③ 세계에서 가장 친환경적인 칫솔
④ 재활용된 칫솔을 사용하는 적절한 방법
⑤ 더 많은 회사들이 재활용을 하도록 권장하는 방법

2 (A) 앞의 명사 an American company를 수식하는 분사로, 회사가 문제를 바로잡고 있으므로 능동의 의미를 나타내는 현재분사를 써야 한다.
(B) 뒤의 명사 toothbrushes를 수식하는 분사로, 칫솔들이 재활용되므로 수동의 의미를 나타내는 과거분사를 써야 한다.

02 **1.** ③ **2.** (A) Flying (B) exhausted
3. 해석의 별표(*)가 있는 문장 참고

해석 *V 대형으로 날며 기러기는 겨울을 보내기 위해 남쪽으로 갑니다. 그것들은 왜 이렇게 날아가는 걸까요?
그것은 그들이 에너지를 절약하도록 돕기 때문입니다. 새가 날기 위해서 날개를 움직일 때, 그것의 뒤에 있는 공기를 밀어 올립니다. *이것은 따라오는 새들이 공중에 더 쉽게 머물도록 도와줍니다. 그래서 새가 대형의 뒤쪽에서 날 때, 날기가 쉽습니다. *하지만 앞쪽에서 나는 새는 나머지 새들보다 더 열심히 일해야 하기 때문에 쉽게 지칩니다. 교대를 함으로써 모든 기러기들이 앞에서 날게 됩니다. 한 기러기가 열심히 일하는 동안, 나머지 기러기들은 쉴 수 있습니다.

구문해설

4행 This **helps the *following* birds to stay** in the air more easily.
▸help+목적어+목적격보어(to부정사[동사원형]): …이 ~하도록 돕다
▸following: 능동·진행의 의미인 현재분사 (뒤의 birds 수식)

6행 But a bird **flying at the front** gets easily exhausted because it must work *harder than* **the others**.
▸flying at the front: 앞의 a bird를 수식하는 현재분사구
▸비교급+than …: …보다 더 ~하게
▸the others: 나머지 것들

8행 By **taking** turns, every wild goose *gets to fly* **in front**.
▸taking: 동명사 (전치사의 목적어)

▶get to-v: …하게 되다
▶in front: 앞쪽에

문제해설

1 빈칸 뒤에는 새들이 서로의 에너지를 아끼기 위해서 교대로 선두에서 난다는 내용이 나오고 있다.
① 그것들을 따뜻하게 유지해준다
② 그것들이 더 멀리 날아가게 도와준다
③ 그것들이 에너지를 절약하도록 돕는다
④ 그것들에게 올바른 방향을 알려준다
⑤ 그것들을 다른 새들로부터 보호한다

2 (A) 'As they(wild geese) fly in a V formation'(동시동작)의 부사절이 분사구문이 된 것으로, 접속사 As를 없애고, 주어 they(wild geese)를 없앤 뒤, 동사 fly를 v-ing 형태로 고친 것이 되어야 하므로 Flying을 쓰는 것이 적절하다.
(B) 새가 지치게 된다는 수동의 의미를 가지므로, 과거분사를 쓰는 것이 적절하다.

Word Review

p. 68

1. 기술 **2.** 끓이다 **3.** …을 완전히 익히다, …에 숙달하다 **4.** 어리석은 **5.** …쪽으로, …을 향하여 **6.** 달아나다, 탈출하다 **7.** 구입하다 **8.** 의학의, 의료의 **9.** 가까운 **10.** 죽음, 사망 **11.** 완료하다, 끝마치다 **12.** 길 **13.** 줄이다 **14.** 업적, 공적 **15.** 쫓아가다 **16.** 천장 **17.** 돌아오다; 돌려주다 **18.** 추천하다 **19.** 단백질 **20.** 소화하다 **21.** 도둑 **22.** 훔치다 **23.** 증명하다 **24.** 분명히 **25.** 투지, 결심 **26.** 계속하다 **27.** 사망하다, 돌아가시다 **28.** 숨다 **29.** 견디다, 참다 **30.** 주먹 **31.** 암기하다 **32.** 기억해내다, 상기하다 **33.** 다른 편의 **34.** 신장시키다, 북돋우다 **35.** 기억, 기억력 **36.** 활성화하다 **37.** …의 이름을 따서 이름을 짓다 **38.** 재활용하다 **39.** 적절한 **40.** 권장하다

Chapter 3 문장의 연결

Unit 1 관계사 1

A 주격 관계대명사 who, which

pp. 70-71

Check-up

1. I know someone who teaches math.
2. This is the plane which goes to New York.
3. That cat which has small ears is expensive.

1. 나는 어떤 사람을 안다. + 그는 수학을 가르친다. → 나는 수학을 가르치는 어떤 사람을 안다.
2. 이것은 비행기다. + 그것은 뉴욕으로 간다. → 이것은 뉴욕으로 가는 비행기다.
3. 저 고양이는 비싸다. + 그것은 작은 귀를 갖고 있다. → 작은 귀를 갖고 있는 저 고양이는 비싸다.

어휘 on sale 할인 중인 sold out 다 팔린 math [mæθ] 명 수학

B 소유격 관계대명사 whose

Check-up

1. He has a dog whose tail is short.
2. Jack is an actor whose wife is a director.

1. 그는 꼬리가 짧은 개를 가지고 있다.
2. Jack은 부인이 감독인 배우이다.

어휘 roof [ru:f] 명 지붕 tail [teil] 명 꼬리 actor [ǽktər] 명 배우 director [diréktər] 명 감독

C 목적격 관계대명사 who(m), which

Check-up

1. Mr. Cooper is a doctor who(m) I trust.
2. This is the computer which we made.
3. The cell phone which I lost was white.

1. Mr. Cooper는 의사다. + 나는 그를 신뢰한다. → Mr. Cooper는 내가 신뢰하는 의사다.
2. 이것은 그 컴퓨터다. + 우리는 그것을 만들었다. → 이것은 우리가 만든 컴퓨터이다.
3. 그 휴대전화는 흰색이었다. + 나는 그것을 잃어버렸다. → 내가 잃어버린 휴대전화는 흰색이었다.

어휘 trust [trʌst] 동 신뢰하다

D 관계대명사 that

Check-up

1. that [who(m)] I want to work with
2. that I tell her
3. that are sleeping

Sentence Writing with Grammar

p. 72

1. a man who [that] came from Egypt
2. the novel that [which] I want to read
3. a girl whose name is Heather
4. an animal whose life was in danger
5. a policeman who(m) [that] we respect
6. the flowers that [which] Grace grows
7. The girl and her puppy that you saw
8. the only subject that I like

어휘 be in danger 위험에 빠지다 respect [rispékt] 동 존경하다 garden [gɑ́:rdn] 명 정원 subject [sʌ́bdʒikt] 명 과목

Basic Reading

p. 73

A **1.** ①, ⑤ **2.** ④

해석 Jamie는 그의 엄마에게 성적표를 보여줬다. 그녀는 그가 수학에서 받은 점수가 형편없었기 때문에 매우 화가 났다. 그녀가 말했다. "왜 너는 이번에는 낮은 점수를 받은 거니?" Jamie가 말했다. "결석 때문이에요." 그녀는 이해하지 못했다. "넌 학교에 빠진 적이 없잖아."라고 그녀가 말했다. "전 없죠, 그런데 제 옆에 앉는 애가 시험 날 결석을 했어요."

구문해설

2행 ... **the grade** *that* he got in math **was** terrible.
▸the grade가 주어, was가 동사
▸that: the grade를 선행사로 하는 목적격 관계대명사

4행 "You **haven't missed** any school days,"....
▸haven't missed: 현재완료 (경험)

문제해설

1 선행사가 사람(the kid)이고 관계대명사 자리 뒤에 동사가 있으므로 주격 관계대명사 who 또는 that을 써야 한다.

2 옆에 앉는 친구의 답을 보지 못해서 낮은 점수를 받았다는 아들의 말을 듣고 엄마는 황당했을 것이다.

B **1.** ④

해석 Agatha Christie는 19세기 후반에서 20세기 후반까지 살았던 영국 작가였다. 그녀는 많은 유명한 범죄 소설들을 썼다. Monsieur Hercule Poirot과 Miss Jane Marple은 그녀가 창조한 가장 유명한 등장 인물들이다. 그리고 그녀의 가장 인기 있는 책은 「그리고 아무도 없었다」이다. 그것은 약 1억 부가 팔렸다. 그것은 지금껏 가장 많이 팔린 범죄 소설이다!

구문해설

1행 Agatha Christie was an English writer **who** lived ....
▸who: an English writer를 선행사로 하는 주격 관계대명사

3행 Monsieur Hercule Poirot and Miss Jane Marple are **the most famous** characters that she created.
▸the most famous: 가장 유명한 (최상급 표현)

5행 It is the best-selling crime novel **of all time**!
▸of all time: 역대, 지금껏

문제해설

1 밑줄 친 that은 the most famous characters를 선행사로 하는 목적격 관계대명사이다. ④는 주격 관계대명사이며, 나머지는 모두 목적격 관계대명사이다.
① 이것은 내가 가장 좋아하는 책이다.
② 그녀가 산 치마는 너무 작았다.
③ 네가 어제 만났던 남자는 Mike다.
④ 우리 집 근처에 사는 사람들은 친절하다.
⑤ 그들은 나와 같이 수업을 듣는 학생들이다.

Actual Reading

pp. 74-75

01 **1.** ③ **2.** that[which] lives out of water
3. 해석의 별표(*)가 있는 문장 참고

해석 당신은 물 밖에 사는 물고기에 대해 들어 본 적이 있는가? 그것은 믿기 힘들게 들린다. 그러나, 물속에서 지낼 필요가 없는 물고기가 있다. 아프리카의 폐어는 진흙 속에서 오랫동안 살 수 있다.
*아프리카에는 사막을 가로질러 흐르는 강이 있다. 그 강이 때로는 범람한다. 이 홍수가 가져오는 여분의 물에서 작은 호수가 형성된다. 폐어는 이 호수에 산다. 그러나, 그 호수는 결국 말라 버린다. 그러면 폐어가 진흙 바닥을 파고 들어간다. (폐어가 지하에서 호흡하는 것은 불가능하다.) 그들은 몇 달 동안 그곳에서 살 수 있다.
폐어는 뼈가 있는 가장 오래된 물고기 중 하나이다. *그들은 2억 년 전에 흔했던 물고기와 유사하다. 아마 그들은 놀라운 능력 때문에 살아남았다!

구문해설

1행 **Have** you ever **heard** of a fish *that[which]* lives out of water?
▸ Have heard: 현재완료 (경험)
▸ that[which]: a fish를 선행사로 하는 주격 관계대명사

5행 Small lakes form from the extra water **that** these floods bring.
▸ that: the extra water를 선행사로 하는 목적격 관계대명사

7행 **It** is impossible **for the fish to breathe underground**.
▸ It은 가주어, for the fish는 의미상 주어, to breathe underground는 진주어

문제해설

1 아프리카의 폐어가 진흙 속에서 오랫동안 살 수 있다고 설명하는 부분에서 폐어가 지하에서 호흡하는 것이 불가능하다는 ③번 문장은 위 글의 흐름과 맞지 않는다.

2 선행사가 동물일 때 주격 관계대명사 that 또는 which를 쓸 수 있으며, 주격 관계대명사 바로 뒤에는 동사가 와야 한다. 선행사가 단수명사(a fish)이므로, 관계사절 내의 동사 역시 단수형 동사(lives)를 써야 한다.

02 **1.** ③ **2.** ② **3.** ③

해석 당신은 친구를 사귀는 데 어려움을 겪는 십 대인가요? 이스라엘의 몇몇 연구원들이 당신에게 제안합니다. 블로그를 써보세요!
그들의 최근 연구에서는 사교상의 문제들을 갖고 있었던 고등학교 학생들을 살펴보았습니다. 그들은 학생들에게 적어도 일주일에 두 번은 블로그를 쓰도록 요청했습니다. 그들은 사교상의 문제들이나 다른 어떤 주제에 대해서도 쓸 수 있었습니다. 또한, 그들의 블로그는 댓글 달기를 허용하거나 허용하지 않을 수 있

었습니다.
그 결과 블로그를 썼던 학생들이 그들의 자신감을 향상시킨 것으로 드러났습니다. 그들은 또한 사람들과 있을 때 덜 긴장하게 되었습니다. 나아가, 블로그가 댓글 달기를 허용했고 그들의 사교상의 문제들에 대해 썼던 학생들이 가장 많이 향상되었습니다. 십 대들은 블로그를 통해서 어떻게 그들 자신을 솔직히 표현할지를 배울 수 있습니다. 그리고 댓글 달기를 허용한 블로그들은 그들에게 전혀 만난 적이 없는 사람들과 어떻게 소통할지를 가르쳐줍니다.

구문해설

4행 They **asked the students to blog** ....
▶ask + 목적어 + 목적격보어(to-v): …이 ~하도록 요청하다

8행 They also became **less nervous** when they were around people.
▶less + 형용사: 덜 …한

8행 Moreover, **the students** *whose* blogs were open for comments and *who* wrote about their social problems **improved** the most.
▶주어는 the students, 동사는 improved
▶whose와 who는 the students를 선행사로 하는 소유격 관계대명사와 주격 관계대명사

10행 Teenagers can learn **how to express** ....
▶how to-v: 어떻게 …할지

문제해설

1 사교상의 문제를 겪고 있던 학생들이 블로그를 통해 그 문제를 해결했음을 보여주는 연구에 대한 글이다.
① 온라인에서 친구를 사귀는 방법
② 부정적인 블로그 댓글은 고통을 준다
③ 블로그에서 당신의 문제들을 공유하라
④ 블로그를 하는 것이 작문 실력을 개선한다
⑤ 블로그를 하는 것이 사회적 문제들을 만들어낸다

2 빈칸 앞에서는 블로그가 가져다준 긍정적인 결과를 말하고 있으며, 빈칸이 있는 문장은 그중에서도 가장 좋은 결과를 얻은 경우에 대해서 말하고 있으므로 빈칸에는 부가의 의미가 있는 Moreover가 와야 한다.
① 하지만 ② 나아가 ③ 그러므로 ④ 그렇기는 하지만 ⑤ 예를 들어

3 (A) 선행사가 사람(high school students)이고, 관계대명사 뒤의 위치에 동사가 있으므로 주격 관계대명사 who를 쓰는 것이 적절하다.
(B) 관계대명사 뒤의 명사와 선행사 the students가 소유의 관계에 있으므로 소유격 관계대명사 whose를 쓰는 것이 적절하다.
(C) 선행사가 사람(people)이고, 관계대명사 뒤에 주어와 동사가 있으나 목적어가 없으므로 목적격 관계대명사 whom을 쓰는 것이 적절하다.

Unit 2 관계사 2

A 관계대명사 what

pp. 76-77

Check-up

1. what / 네가 필요한 것을 내게 말해봐.
2. what / 이것이 내가 사고 싶어하는 것이다.
3. that / 내가 말하고 있던 남자는 Ryan이었다.

B 관계대명사의 생략

Check-up

1. that was **2.** that

1. 이것이 프랑스에서 만들어진 와인이다.
2. 우리가 듣고 있는 노래는 인기가 많다.

어휘 next door 옆집에

C 관계부사

Check-up

1. where / 나는 우리 아빠가 태어난 집을 방문했다.
2. how / 그는 내게 그 문제를 해결하는 방법을 말해 주었다.
3. when / 너는 우리가 유럽을 여행했던 때가 기억나니?
4. why / Jessica는 어제 그녀가 결석한 이유를 나에게 말해 주지 않았다.

어휘 bloom[bluːm] ⑧ 꽃이 피다

Sentence Writing with Grammar

p. 78

1. what[the thing which[that]] we expected
2. the man (who(m)[that]) Jane loves
3. The watch (that[which]) Steve gave (to) me
4. poems (that[which] were) written
5. The day when I went hiking
6. the shop where I bought my bed
7. the reason why you are angry with him
8. how[the way] ants live

어휘 result[rizʌ́lt] ⑲ 결과 poem[póuəm] ⑲ 시

Basic Reading

p. 79

A **1.** ④

해석 Thomas Edison이 백열 전구를 위한 필라멘트를 찾는 것은 쉽지 않았다. 그와 그의 조수는 효과가 없었던 2천 개의 다른 재료들을 시험해 보았다. 어느 날, 그의 조수는 그 작업이 무

의미하다고 불평을 했다. Edison은 그에게 그렇지 않다고 말했다. "여기에 우리가 배운 것이 있네. 우리가 필라멘트에 사용할 수 없는 재료들이 2천 개가 있다는 것이라네."

구문해설

1행 **It** wasn't easy **for Thomas Edison to find a filament for the light bulb.**
▸It은 가주어, for Thomas Edison은 의미상 주어, to find 이하는 진주어

2행 ... tested 2,000 different materials **which** didn't work.
▸which: 2,000 different materials를 선행사로 하는 주격 관계대명사

5행 ... there are 2,000 materials **that** we can't use for a filament.
▸that: 2,000 materials를 선행사로 하는 목적격 관계대명사로 생략 가능

문제해설

1 선행사를 포함하며 '…한 것'의 의미를 나타내려면, 관계대명사 what을 사용해야 한다.

B **1.** (A) who (B) how **2.** ①

해석 Paul은 그의 창문 밖을 보고 있었다. 그는 트럭으로 TV를 옮기고 있는 두 남자를 보았다. 그는 그들에게 소리쳤다. "당신들은 수리공이십니까?" "네."라고 그들이 말했다. "저에게 당신들이 고칠 수 있는 TV가 한 대 있어요." "잘됐네요!"라고 그들이 그에게 말했다. Paul은 그들에게 그의 TV를 주었고, 그들을 다시는 보지 못했다. 그것이 그가 그의 TV를 잃어버린 방법이었다. 그들은 수리공이 아니었다. 그들은 도둑들이었다!

구문해설

1행 He saw two men **who were** *carrying* a TV *to* a truck.
▸who were: 「주격 관계대명사+be동사」로 생략 가능
▸carry A to B: A를 B로 옮기다

3행 "I have a TV **that** you can fix."
▸that: a TV를 선행사로 하는 목적격 관계대명사로 생략 가능

문제해설

1 (A) 선행사가 사람(two men)이고 빈칸 뒤에 동사가 있으므로, 주격 관계대명사 who를 쓰는 것이 적절하다.
(B) 문맥상 방법을 나타내므로 관계부사 how를 쓰는 것이 적절하다.

2 Paul이 그 남자들에게 TV를 준 뒤로 다시는 볼 수 없었으므로 그들이 도둑들이었음을 알 수 있다.
① 도둑들 ② 이웃 사람들 ③ 경찰들 ④ 판매원들 ⑤ 수리공들

Actual Reading

pp. 80-81

01 **1.** ① **2.** (A) price (B) cost **3.** ⓐ, ⓑ

해석 많은 사람들이 '가격'과 '원가'가 같다고 생각하지만, 그들은 틀렸다. 한 물품의 '가격'은 그것을 사는 데 필요한 돈이다. 그러나 '원가'는 그것을 만드는 데 당신이 써야 하는 돈이다. 예를 들어, 신발 공장의 사장은 신발을 만들기 위해서 가죽과 실 등을 사야 한다. 그는 또한 신발을 만드는 직원들에게 돈을 지불해야 한다. 그가 이 모든 것들을 더하면, 그가 신발을 만드는 것의 원가를 얻게 된다. 그러고 나서 그는 신발의 가격을 결정한다. 그는 이윤을 내야 하므로, 그것은 원가보다 더 높을 것이다. 만약 신발을 만드는 데 5달러가 든다면, 그는 그것을 10달러에 판매할지도 모른다.

구문해설

2행 The "price" of an item is the money **which** *is needed* **to buy** it.
▸which: the money를 선행사로 하는 주격 관계대명사
▸is needed: be동사+과거분사 (수동태)
▸to buy: to부정사의 부사적 용법 (목적)

7행 He must **make a profit**, so it will be *higher than* the cost.
▸make a profit: 이윤을 내다
▸비교급+than …: …보다 더 ~한[하게]

문제해설

1 가격과 원가의 개념 차이를 설명하는 글이다.

2 가격은 원가를 계산한 이후에 결정되며, 수익을 얻기 위해 원가보다 더 높게 측정될 것이다. 따라서 (A)에는 price, (B)에는 cost가 와야 한다.

3 ⓐ는 「주격 관계대명사+be동사」, ⓑ는 목적격 관계대명사로 둘 다 생략할 수 있다. ⓒ는 주격 관계대명사로 생략할 수 없다.

02 **1.** ④ **2.** ③ **3.** 해석의 별표(*)가 있는 문장 참고

해석 옛날 옛적에 한 너그러운 왕이 살고 있는 왕국이 있었다. 한 가난한 남자가 그 왕에게 선물을 주고 싶었다. *그는 왕에게 그가 가진 유일한 것이었던 나무로 된 그릇을 주었다. 그 왕은 그러한 그릇을 가지고 있지 않았기 때문에, 그것이 매우 귀중하다고 생각했다. 그는 그 남자에게 많은 금을 주었다. 그러나 그 가난한 남자는 더 많은 금을 원했다. 그는 "*나는 왕이 나에게 준 그 금으로 의자를 만들 거야. 만약 내가 그것을 왕에게 준다면, 나는 더 많은 금을 얻게 될 거야!"라고 생각했다. 일주일 후, 그 남자는 왕에게 돌아갔다. 그는 왕에게 금으로 된 의자를 주었다. 그 왕이 말했다. "나도 너에게 귀중한 것을 주고 싶구나." 그 왕은 그에게 나무로 된 그 그릇을 주었다.

구문해설

2행 He gave the king **the only thing *that*** he owned – a wooden bowl.
▸선행사가 the only의 수식을 받을 때 주로 관계대명사

that을 사용
▶that: 목적격 관계대명사로 생략 가능

3행 Because the king didn't have **such a bowl**, ...
▶such+a(n)+명사: 그러한 …

5행 He thought, "I will **make** a chair **with** the gold *that* the king gave me.
▶make A with B: B로 A를 만들다
▶that: the gold를 선행사로 하는 목적격 관계대명사로 생략 가능

문제해설

1 왕으로부터 금을 선물받은 후에 더 많은 금을 받으려고 욕심을 냈다가 있는 금마저 잃어버린 한 남자에 대한 이야기이다.

2 선행사가 장소를 나타내는 말(a kingdom)이므로 관계부사 where를 쓰는 것이 적절하다.

Chapter 3 문장의 연결

Unit 3 접속사

A 등위 접속사

pp. 82-83

Check-up

1. or / 이 개는 너의 것이니 혹은 Kelly의 것이니?
2. and / Mary는 커피와 도넛을 먹었다.
3. so / 우리는 피곤해서, 잠시 휴식을 취했다.
4. but / 나는 한국어를 말할 수 있지만, 스페인어는 못한다.

어휘 prefer[prifə́ːr] ⓓ 선호하다 fan[fæn] ⓜ 선풍기 take a break 휴식을 취하다

B 종속 접속사

Check-up

1. Until / Susan comes
2. Unless / it rains
3. Because / the book is expensive
4. Though / Jenny is smart

어휘 attend[əténd] ⓓ 참석하다 ring[riŋ] ⓓ (전화가) 울리다 go by 지나가다 solve[sɑlv] ⓓ 해결하다 simple[símpl] ⓗ 간단한

C 주의해야 할 접속사 용법

Check-up

1. where 2. when 3. that

1. 우리는 그가 어디에서 왔는지 궁금하다.
2. 너는 Tom의 생일이 언제인지 아니?
3. 그의 의견은 모든 사람들이 평등하다는 것이다.

어휘 genius[dʒíːnjəs] ⓜ 천재 strict[strikt] ⓗ 엄격한 equal[íːkwəl] ⓗ 동등한, 평등한

Sentence Writing with Grammar

p. 84

1. but Sam hates it
2. order pizza or pasta
3. before we go out
4. Because[As, Since] Kevin ate too much
5. If you want to succeed
6. Though[Although] they have an air conditioner
7. that I can pass the test
8. why Sue went home early

어휘 spinach[spínitʃ] ⓜ 시금치 weather forecast 일기예보 stomachache[stʌ́məkeik] ⓜ 복통 air conditioner 에어컨 hardly[hɑ́ːrdli] ⓑ 거의 …아니다 obvious[ɑ́bviəs] ⓗ 분명한, 명백한

Basic Reading

p. 85

A 1. ④ 2. ④

해석 돌고래는 매우 흥미로운 동물이다. 그들은 물고기들처럼 보이지만 물고기가 아니다. 물고기들은 바다 밑에서 살 수 있지만 돌고래들은 그럴 수 없다. 그들은 바다 밑에서 오랫동안 머물 수 있지만 공기가 필요하기 때문에 그들은 위로 올라와야 한다. 물고기들은 알을 낳지만 돌고래들은 새끼를 낳는다. 새끼들은 다른 포유동물처럼 그들의 어미의 젖을 먹는다.

구문해설

1행 They **look like** *fish*, **but** they are not *fish*.
▶look like+명사: …처럼 보이다
▶fish: 명사 fish의 복수형 (단수형과 복수형이 동일)
▶but: '그러나'의 의미를 나타내는 등위 접속사

문제해설

1 돌고래가 물고기와 다른 점을 여러 가지 측면에서 설명하고 있다.

2 (A) 빈칸의 앞뒤에 상반되는 내용이 왔으므로 접속사 but을 쓰는 것이 적절하다.
(B) 빈칸 앞의 내용에 대한 이유가 뒤에 나오므로 이유를 나타내는 접속사인 because를 쓰는 것이 적절하다.

B 1. that

해석 생일 케이크 위에 양초를 꽂는 것은 재미있는 전통이다. 그러나 아무도 그것이 어떻게 시작되었는지 확신하지 못한다! 어떤 사람들은 고대 그리스인들이 그것을 시작했다고 믿는다.

그들은 달의 여신인 아르테미스를 케이크와 양초를 가지고 숭배했다. 다른 어떤 사람들은 그것이 독일에서 생겨났다고 주장한다. 독일인들은 17세기에 생일 케이크를 처음으로 만들었다. 그들은 생일 케이크 위에 양초 하나를 꽂는 전통을 갖고 있었다.

구문해설

1행 **Putting** candles on birthday cakes is a fun tradition.
▶Putting: 문장의 주어 역할을 하는 동명사

1행 But nobody is sure **how it started**!
▶how는 접속사 역할을 하는 의문사로 「how+주어+동사」의 어순으로 씀

문제해설

1 접속사 that은 문장에서 목적어절을 이끌 수 있다.

Actual Reading

pp. 86-87

01 1. ⑤ 2. Dan, Kevin 3. ③

해석 온라인의 정보가 믿을 수 있다고 생각하십니까? Dan, Jessica, 그리고 Kevin이 이 질문에 대한 그들의 답을 공유하고 있습니다.

Dan: 비록 온라인에 있는 어떤 정보들은 도움이 될 수 있을지도 모르지만, 그곳에 있는 모든 정보가 사실인 것은 아닙니다. 어떤 사람들은 잘못된 정보를 올리고 다른 사람들은 그것을 믿을지도 모릅니다. 저는 온라인의 정보들이 때때로 많은 문제들을 일으킬 수 있다고 생각합니다.

Jessica: 저는 개인적으로 인터넷상의 정보들이 매우 유용하다고 생각합니다. 저는 또한 공유된 정보들이 보통 옳다고 생각합니다. 제가 새 휴대전화를 원했을 때, 저는 온라인에서 많은 사람들의 의견을 읽었습니다. 그것은 제가 최고의 휴대전화를 선택하도록 도움을 줬습니다.

Kevin: 사람들이 인터넷상에 어떤 것을 올릴 때, 아무도 그들이 누군지 모릅니다. 그래서 많은 사람들이 그것을 악용합니다. 저는 사람들이 다른 사람들에 대한 소문을 온라인에서 퍼뜨리는 것을 자주 봐 왔습니다. 연예인들이 쉽게 이것의 피해자가 될 수 있습니다. 많은 이들은 인터넷상의 잘못된 정보로 피해를 받아 왔습니다.

구문해설

3행 **Although** some information online might be helpful, *not all* the information there is true.
▶Although: '…에도 불구하고', '비록 …하지만'의 의미를 나타내는 종속 접속사
▶not all: 모두 …인 것은 아니다 (부분 부정)

5행 I think **that** online information can sometimes cause ....
▶think의 목적어절을 이끄는 접속사 that

7행 I personally **find the information on the Internet very useful.**
▶find+목적어+목적격보어(형용사): …이 ~하다고 생각하다

7행 I also think **that** *shared* information is usually right.
▶think의 목적어절을 이끄는 접속사 that
▶shared: 수동·완료를 나타내는 과거분사 (뒤의 information을 수식)

9행 That **helped me choose** the best phone.
▶help+목적어+목적격보어(동사원형[to-v]): …이 ~하도록 돕다

10행 **When** people post something on the Internet, no one knows *who they are*.
▶When: '…할 때'의 의미를 나타내는 종속 접속사
▶who는 접속사 역할을 하는 의문사로 「who+주어+동사」의 어순으로 씀

11행 I have often **seen people spread** rumors about others online.
▶see+목적어+목적격보어(동사원형[v-ing]): …이 ~하는 것을 보다

13행 Many **have been hurt** by false information on the Internet.
▶have been+과거분사: 현재완료 수동태

문제해설

1 세 사람은 인터넷상의 정보의 신뢰성에 관한 자신의 의견을 말하고 있다.
① 온라인에 글을 올리는 것을 좋아하십니까?
② 인터넷이 사람들에게 어떻게 피해를 줄까요?
③ 인터넷 쇼핑이 돈을 절약하게 해줄 수 있을까요?
④ 사람들이 온라인에서 실명을 사용해야 할까요?
⑤ 온라인의 정보가 믿을 수 있다고 생각하십니까?

2 Dan과 Kevin은 인터넷상의 정보가 신뢰하기 어렵다고 생각한다.

3 ③ 문맥상 시간을 나타내는 접속사 When이 와야 한다.

02 1. ② 2. ④ 3. 해석의 별표(*)가 있는 문장 참고

해석 대부분의 은행들은 사람들의 돈을 보관한다. 하지만 이탈리아의 한 은행은 돈을 하나도 갖고 있지 않다. 그곳은 오직 파르메산 치즈 덩어리 30만 개를 갖고 있다. 통틀어 그것들은 2억 달러의 가치가 있다. *파르메산 치즈는 숙성하는 데 2년이 걸리기 때문에, 치즈 제조업자들은 그것을 판매하기 위해서 기다려야 한다. *이것은 그들이 치즈를 판매할 때까지 돈이 없으므로 새 치즈를 만들 수 없다는 것을 의미한다.

이 문제를 해결하기 위해서, 그 은행은 치즈를 담보로 잡고 치즈 제조업자들에게 돈을 빌려준다. 이 돈을 가지고 그들은 새 재료를 사서 계속 일할 수 있다. *은행에 있는 치즈가 판매할 준비가 될 때, 그 은행에서는 3퍼센트의 이자를 더해서 그들의 돈을 돌려받는다. *은행이 치즈를 안전하게 두고 돈을 버는 동안, 치즈 제조업자들은 치즈를 만드는 것을 그만둘 필요가 없다. 이것은 그들 모두에게 유리한 상황이다.

구문해설

3행 Since parmesan cheese **takes two years to age**, the cheesemakers *have to* wait **to sell** it.
▸take+시간+to-v: …하는 데 ~의 시간이 걸리다
▸have to: …해야 한다 (= must)
▸to sell: to부정사의 부사적 용법 (목적)

7행 With this money, they can buy new ingredients and **keep working**.
▸keep+v-ing: 계속 …하다

10행 While the bank **keeps the cheese safe** and makes some money, the cheesemakers *don't have to* **stop making** cheese.
▸keep+목적어+목적격보어(형용사): …을 (어떠한 상태로) 두다
▸don't have to: …할 필요가 없다 (= don't need to[need not])
▸stop v-ing: …하던 것을 멈추다

문제해설

1 (A) 이유를 나타내는 접속사 since를 쓰는 것이 적절하다.
(B) 시간을 나타내는 접속사 when을 쓰는 것이 적절하다.
(C) 시간을 나타내는 접속사 while을 쓰는 것이 적절하다.

2 ④ 은행이 치즈를 어떻게 보관하는지에 대해서는 언급되지 않았다.

Word Review p. 88

1. 다 팔린 2. 지붕 3. 꼬리 4. 신뢰하다 5. 성적표 6. 끔찍한; 형편없는 7. 결석 8. 범죄 9. 믿기 힘든 10. 형성되다, 형성시키다 11. 호흡하다 12. 유사한 13. 흔한 14. 살아남다, 생존하다 15. 사회적인; 사교상의 16. 개선되다; 개선하다 17. 불안해하는 18. 소통하다 19. 꽃이 피다 20. 조수 21. 불평하다 22. 의미 없는 23. 나르다 24. 가죽 25. 실 26. 합하다 27. 이익, 이윤 28. 후한, 너그러운 29. 귀중한 30. 양초 31. 고대의 32. 게시하다 33. 틀린, 사실이 아닌 34. 오용[악용]하다 35. 피해자 36. 신뢰할 수 있는 37. …의 가치가 있는 38. 재료 39. 관심; 이자 40. 상황

Chapter 4 중요구문

Unit 1 형용사와 부사

A 수량 형용사 pp. 90-91

Check-up

1. much water 2. a little milk 3. few people
4. many gifts

어휘 advice[ədváis] 명 충고, 조언 receive[risíːv] 동 받다

B 다양한 형용사 수식

Check-up

1. Every person dies
2. all his pocket money
3. eat something sweet
4. such a smart boy

어휘 guest[gest] 명 손님 mentor[méntɔːr] 명 멘토, 좋은 조언자 in the end 결국 pocket money 용돈

C 동사+부사

Check-up

1. put it down
2. try this on
3. take off my shirt[take my shirt off]
4. throw away the old sofa[throw the old sofa away]

Sentence Writing with Grammar p. 92

1. find a few fish
2. There is little time
3. He doesn't have much[a lot of / lots of] money / has many[a lot of / lots of] friends
4. Did you do anything meaningful
5. All these cameras are on sale.
6. Each basket has a ball
7. met such a friendly person
8. turn off the light[turn the light off]

어휘 waste[weist] 동 낭비하다 meaningful[míːniŋfəl] 형 의미 있는 friendly[fréndli] 형 친절한

Basic Reading p. 93

A. 1. you hear something scary 2. (1) T (2) F

해석 당신이 무서운 어떤 것을 들을 때, 당신의 뇌는 당신의 몸으로 경고 신호를 보낸다. 당신의 털이 일어서고 피부를 위로 올린다. 그러면 당신은 피부 위에 작게 튀어나온 것들을 볼 수 있다. 그것들은 거위의 피부처럼 보이기 때문에 사람들은 그것들을 goose bumps(소름)라고 부른다. 동물들도 같은 반응을 보일 수 있다. 예를 들어, 고양이가 두려움을 느낄 때, 그들의 털이 일어서고 그들은 소름이 돋는다.

구문해설

1행 ..., your brain **sends out warning signals** to your body.
▶「동사+부사」의 목적어가 명사인 경우, 「동사+명사+부사」 또는 「동사+부사+명사」로 씀 (= sends warning signals out)

문제해설

1 -thing으로 끝나는 대명사는 형용사가 뒤에 위치하여 수식한다.

2 (2) 사람뿐만 아니라 동물들에게도 발생한다.

B 1. ④ 2. so good a feeling

해석 어떤 사람들은 항상 그들의 휴대전화를 확인한다. 그것은 짜증나는 습관이지만, 사람들이 그것을 하는 이유가 있다. 문자 메시지나 이메일을 받는 것은 기분이 좋다. 그것은 새로운 어떤 것이고 때때로 흥미진진한 어떤 것이다. 우리가 그런 좋은 감정에 익숙해지면 그것은 중독과도 같다. 당신은 휴대전화를 얼마나 자주 확인하는가?

구문해설

2행 ..., but there is a reason **why** people do it.
▶why: a reason을 선행사로 하는 관계부사

4행 When we **get used to** such a good feeling, it is like an addiction.
▶get used to: …에 익숙해지다

문제해설

1 사람들이 휴대전화를 자주 확인하는 이유를 설명하고 있다.

2 「such+a(n)+형용사+명사」는 「so+형용사+a(n)+명사」로 바꿔 쓸 수 있다.

Actual Reading

pp. 94-95

01 1. ④ 2. ① 3. 해석의 별표(*)가 있는 문장 참고

해석 파라과이의 Cateura에서 사람들은 거대한 쓰레기 매립지 위에 산다. 그들은 매우 가난하고 쓰레기를 뒤져 생계를 꾸린다. 과거에는 그 지역 아이들이 할 일이 거의 없었다. 그들 중 많은 아이들은 아무런 희망도 없다고 생각했다. 하지만 그때, Favio Chavez라는 이름의 음악가가 한 가지 생각을 내놓았다. *그는 쓰레기가 아이들을 위한 유용한 어떤 것이 될 수 있다고 생각했다. 그래서 그와 악기 제작자인 Nicolas Gomez는 쓰레기를 악기들로 바꾸기 시작했다! 그들은 파이프나 기름통과 같은 것들로 바이올린, 기타, 그리고 다른 악기들을 만들었다. *그들 덕분에 각각의 아이들이 그들만의 악기를 가질 수 있다. 그리고 Chavez는 그들에게 어떻게 연주하는지를 가르친다. 이 '재활용 오케스트라' 프로그램은 Cateura의 아이들에게 즐거움뿐만 아니라 큰 희망도 준다.

구문해설

4행 But then, a musician **named Favio Chavez** *came up with* an idea.
▶ named Favio Chavez는 앞의 명사 a musician을 수식하는 과거분사구
▶ come up with: (해답 등을) 찾아내다[내놓다]

9행 This "Recycled Orchestra" program **provides** children in Cateura **with** *not only* joy *but also* great hope.
▶ provide A with B: A에게 B를 제공하다
▶ not only A but also B: A 뿐만 아니라 B도

문제해설

1 파라과이의 빈촌 Cateura의 아이들이 쓰레기를 재활용해 만든 악기를 가지고 음악을 연주하며 희망을 갖게 되었다는 내용의 글이다.
① 재활용 악기를 만드는 방법
② 희망이 없는 Cateura의 가난한 아이들
③ Cateura: 세상에서 가장 큰 쓰레기 매립지
④ Cateura에서 음악을 통해 희망을 전하는 것
⑤ Favio Chavez: 파라과이 출신의 음악 천재

2 문맥상 과거에는 그곳의 아이들이 할 일이 많지 않았다는 내용이 적절하므로, 셀 수 있는 명사와 쓰이는 few를 써야 한다.

02 1. you throw it away 2. ⑤
3. 해석의 별표(*)가 있는 문장 참고

해석 *당신은 식료품을 집어 든다. 포장용기에는 날짜가 있다. 당신은 그것이 유통기한이라고 생각한다. 만약 그 날짜가 지났다면, 당신은 그것이 먹기에 안전하지 않다고 생각하면서 그것을 버린다. 하지만 그것이 항상 사실인 것은 아니다. *나라에 따라 포장용기에는 여러 종류의 날짜가 있을 수 있다.
세 가지의 흔한 종류가 있다. 그것은 '판매기한', '품질유지기한', 그리고 '사용기한'이다. '판매기한' 날짜는 가게들이 언제 물건들을 팔아야 할지를 말해준다. 그것은 식품 안전에 대한 것이 아니다. '품질유지기한'은 품질에 대한 것이다. 그 날짜가 지나면 안전하지 않다는 것이 아니라 그 음식이 덜 신선하다는 것이다. '사용기한'은 그 날짜 이후에는 어떤 것이 안전하지 않다는 것을 보여준다.
그래서 다음에 당신이 가게를 돌아볼 때, 포장용기에 있는 날짜가 정말로 무엇을 의미하는지 확인해라.

구문해설

2행 If the date has passed, you throw it away, **thinking** it isn't safe *to eat*.
▶thinking: '생각하면서'의 뜻으로 동시동작을 나타내는 분사구문
▶to eat: to부정사의 부사적 용법 (형용사 safe 수식)

5행 "Sell by" dates tell stores **when to sell** things.
▶ when to-v: 언제 …할지

7행 When the date passes, the food is **less fresh**, not unsafe.
▶ less+형용사: 덜 …한

9행 So **next time** you look around the store, *check* **what the date** on the package really **means**.

▶ next time + 주어 + 동사: 다음 번에 …할 때

▶ check: 동사원형을 사용한 명령문

▶ what은 접속사 역할을 하는 의문사로 「what + 주어 + 동사」의 어순으로 씀

문제해설

1 「동사 + 부사」의 목적어가 대명사인 경우, 「동사 + 대명사 + 부사」의 어순으로 쓴다.

2 ⑤ 'use by'는 그 날짜가 지나면 상품이 안전하지 못하다는 것을 보여주는 표시이다.

Chapter 4 중요구문

Unit 2 비교표현

A 원급, 비교급, 최상급 pp. 96-97

Check-up

1. not as[so] old as / (much[a lot, far, even]) younger than
2. as warm as / hotter than / the coldest
3. cheaper than / more expensive than / the most

1. James는 60세다. Kevin은 100세다.
   → James는 Kevin만큼 늙지는 않았다.
   → James는 Kevin보다 (훨씬) 더 젊다.
2. 베이징은 20도이다. 도쿄는 20도이다. 모스크바는 10도이다.
   → 베이징은 도쿄만큼 따뜻하다.
   → 도쿄는 모스크바보다 더 덥다.
   → 모스크바는 세 나라 모두 중에서 가장 춥다.
3. A차는 2,500달러이다. B차는 3,000달러이다. C차는 4,000달러이다.
   → A차는 B차보다 싸다.
   → B차는 A차보다 더 비싸다.
   → C차는 차 세대 모두 중에서 값이 가장 많이 든다.

어휘 comfortable[kʌ́mfərtəbl] ㉻ 편안한 wise[waiz] ㉻ 지혜로운 cost[kɔːst] ㉾ (가격·비용이) 들다

B 비교 구문을 이용한 표현

Check-up

1. as loudly as possible
2. twice as much as
3. longer and longer
4. taller / or
5. one of the most famous models
6. as soon as you can
7. The higher / the cooler
8. more and more popular

어휘 thick[θik] ㉻ 두꺼운 possible[pɑ́səbl] ㉻ 가능한 loudly[láudli] ㉸ 큰소리로 earn[əːrn] ㉾ (돈을) 벌다 latest[léitist] ㉻ 최신의

Sentence Writing with Grammar p. 98

1. Busan is not[isn't] as[so] large as Seoul.
2. This box is much[a lot, far, even] heavier than that box.
3. I am[I'm] four times as old as[four times older than] my nephew.
4. She walked as fast as possible[she could].
5. The older he gets, the lonelier he feels.
6. The days are becoming longer and longer.
7. Which do you like better, skiing or skating?
8. Shanghai Tower is one of the tallest towers

어휘 nephew[néfjuː] ㉽ 조카 lonely[lóunli] ㉻ 외로운 tower[táuər] ㉽ 탑

Basic Reading p. 99

A 1. (A) the highest (B) more expensive

해석 최근에 5.6캐럿의 푸른 다이아몬드 반지가 약 9백6십만 달러에 팔렸다. 그것은 지금까지 다이아몬드 중에서 가장 높은 가격들 중의 하나이다. 그것의 큰 크기 외에도 그것의 색이 가격을 올렸다. 색깔이 있는 다이아몬드는 보통 하얀 것들보다 더 비싼데, 그것은 그것들이 아름답고 찾기가 매우 어렵기 때문이다. 그것들은 파란색, 빨간색, 분홍색, 또는 검정색일 수 있다. 그러나 광부들은 그것들을 거의 찾지 못한다.

구문해설

4행 ... they are beautiful and very hard **to find**.

▸to find: to부정사의 부사적 용법 (형용사 hard 수식)

5행 But miners **rarely** find *them*.

▸rarely: 거의 …않은

▸them = colored diamonds

문제해설

1 (A) '가장 …한 것들 중의 하나'라는 의미는 「one of the + 최상급 + 복수명사」를 써서 나타낼 수 있다.
(B) 비교급은 than과 함께 쓰여서 '…보다 더 ~한[하게]'라는 의미를 나타낸다.

B 1. (1) F (2) T 2. more and more popular

해석 인도에서는 여성들이 남성들보다 일자리가 더 적다. 많은 인도 회사가 여성들을 고용하지 않는다. 일부 여성들은 일자리를 가지고 있지만, 그들은 흔히 남성 동료들보다 더 적은 임금을 받는다. 그러나, 이것은 여성 조종사들에 대해서는 사실이 아니다. 인도는 세계에서 가장 많은 수의 여성 조종사들을 보유하고 있다. 그것은 인도에서 항공 여행이 점점 더 인기가 많아지고 있기 때문이다. 항공사는 더 많은 조종사가 필요해서 여성들을 포함하여 가능한 한 많은 조종사를 고용하고 있다. 항공사는 여성들에게 남성들과 같은 임금을 지급한다. 그래서 그것은 인도 여성들에게 가장 좋은 직업 중 하나이다.

구문해설

1행 In India, women have **fewer** jobs **than** men.
▶ fewer than: 형용사 few의 비교급이 사용된 비교표현

2행 ..., but they often get **less** pay **than** their male coworkers.
▶ less than: 형용사 little의 비교급이 사용된 비교표현

3행 However, **this** is not true for women pilots.
▶ this: 바로 앞 문장 (= Some women have jobs, but ... male coworkers.)

5행 Airlines need more pilots, so they are hiring **as many** pilots **as possible**, including women.
▶ as+원급+as possible: '가능한 한 …한[하게]'
(= as+원급+as+주어+can)

7행 So it is **one of the best jobs** for women in India.
▶ one of the+최상급+복수명사: 가장 …한 것들 중의 하나

문제해설

1 (1) 인도 여성 근로자들은 흔히 남성 동료들보다 더 적은 임금을 받는다고 했다.

2 '점점 더 …한[하게]'는 「비교급+and+비교급」 구문을 활용하는데, 형용사 popular와 같이 more가 붙는 비교급은 「more and more+형용사/부사」의 형태로 쓴다.

Actual Reading

pp. 100-101

01 1. ⑤ 2. The larger / the faster
3. 해석의 별표(*)가 있는 문장 참고

해석 당신은 북극곰과 북극토끼가 약간 둥글어 보이는 몸을 갖고 있는 것을 알아차렸는가? 그들의 팔, 다리, 그리고 심지어 귀까지도 매우 짧다. *사실 이것은 추운 기후에 사는 동물들의 가장 흔한 특징들 중의 하나이다.
1877년, 미국의 생물학자인 Joel Allen은 추운 기후에 사는 몇몇 동물들과 따뜻한 기후에 사는 동일한 동물들을 비교했다. *그는 더 추운 환경에 있는 동물들이 더 짧은 팔, 다리, 꼬리, 그리고 귀를 가지고 있음을 발견했다. 대부분의 열은 몸의 표면 가까이에서 손실되기 때문에, 이것은 체열이 빠져나가지 못하게 막는 것을 돕는다. 동물의 표면적이 더 클수록, 그 동물은 더 빨리 체열을 잃을 것이다. 따라서 그것이 추운 기후에 사는 동물들이 길기보다는 짧은 몸을 갖고 있는 이유이다.

구문해설

3행 **In fact**, this is *one of the most common features* of animals **living in cold climates**.
▶ in fact: 사실은
▶ one of the+최상급+복수명사: 가장 …한 것들 중의 하나
▶ living 이하는 animals를 수식하는 현재분사구

5행 In 1877, the American biologist Joel Allen **compared** some animals in cold climates **with** the same animals in warm climates.
▶compare A with B: A와 B를 비교하다

7행 This **helps** ***stop*** *body heat from escaping* ....
▶help+동사원형[to-v]: …하도록 돕다
▶stop+목적어+from v-ing: …이 ~하는 것을 막다

9행 So, **that's why** animals in cold climates have bodies *that* are short **rather than** long.
▶ that's why …: 그것이 …한 이유이다
▶ that: bodies를 선행사로 하는 주격 관계대명사
▶ rather than: …라기보다는

문제해설

1 추운 지역에서 사는 동물들이 몸이 짧은 이유가 체열을 빼앗기지 않기 위해서임을 설명하고 있다.

2 '…하면 할수록 더 ~한[하게]'라는 의미는 「the+비교급, the+비교급」을 써서 나타낼 수 있다.

02 1. ③ 2. ⑤ 3. ②

해석 에베레스트 산은 세계에서 가장 높은 산이다. 그것을 한 번 오르는 것은 대단한 업적이다. 두 번은 훨씬 더 놀라운 일이다. 세 번은 지금껏 가장 놀라운 업적일 것이다. 그것이 바로 80세의 Yuichiro Miura가 한 일이다.
그는 그가 70세였을 때 그 산을 오른 가장 나이가 많은 사람이 되었다. 그러고 나서 그는 75세 때 그곳을 한 번 더 올랐고, 마지막으로 80세 때 올랐다. 그러나 그가 그 산을 오르기 전에도 Miura는 스키를 타고 에베레스트를 내려온 최초의 사람이었다. 그 당시에 그는 겨우 37세였다.
Miura와 그의 업적에 대해서 더 놀라운 것은 그에게 심장병이 있다는 것이다. 그가 그 산을 오르는 것은 매우 위험할 수도 있었다.
그러면 그는 왜 그런 큰 모험들을 하는 것일까? 그것은 그가 도전을 매우 많이 좋아하기 때문이다!

구문해설

1행 **Climbing** it once is a big accomplishment.
▶Climbing: 주어 역할을 하는 동명사

5행 He became **the oldest** person *to climb* the mountain ....
▶the oldest: old의 최상급
▶to climb: to부정사의 형용사적 용법 (the oldest

person 수식)

문제해설

1 ③ 그는 70세 때 처음으로 에베레스트 산 등반에 성공했다고 했다.

2 심장에 문제가 있고 매우 위험한데도 불구하고 산을 오르는 이유는 그가 도전을 좋아하기 때문일 것이다.
① 희망 ② 젊음 ③ 안전 ④ 건강 ⑤ 도전

3 '훨씬 더 …한[하게]'라는 의미의 비교급 강조의 표현은 비교급 앞에 much, a lot, far, even을 쓴다.

Chapter 4 중요구문

Unit 3 대명사

A 부정대명사 1

pp. 102-103

Check-up

1. All / 컵 안의 주스 전부가 엎질러졌다.
2. Both / 나는 두 명의 언니가 있다. 그들 둘 다 고등학교에 다닌다.
3. one / 내 휴대전화가 고장 나서, 나는 새것을 샀다.
4. Each / Tom, Jerry, 그리고 나는 친구다. 우리 각각은 다른 마을에 산다.

어휘 surprised[sərpráizd] 형 놀란 spill[spil] 동 엎지르다, 쏟다

B. 부정대명사 2

Check-up

1. each other 2. another 3. One / the other
4. Some / the others

어휘 for[fər] 전 …을 위한; *…에 찬성하는 against[əgénst] 전 …에 반대하여 see[siː] 동 보다; *(애인으로) 만나다

C 재귀대명사

Check-up

1. help yourself to 2. myself 3. herself

어휘 mirror[mírər] 명 거울 wealth[welθ] 명 재산, 부 manager[mǽnidʒər] 명 매니저, 지배인

Sentence Writing with Grammar

p. 104

1. you lend me one[lend one to me]
2. Each of the students gave a different answer.
3. I have to read another
4. One is a pianist / the other is a cellist
5. Some like coffee / others like green tea
6. Cary and I trust each other.
7. You should take care of yourself.
8. he was beside himself

어휘 cellist[tʃélist] 명 첼리스트 take care of …을 돌보다

Basic Reading

p. 105

A 1. themselves

해석 대부분의 새들은 위험을 피하기 위해 날아가 버린다. 그러나 모든 새들이 날 수 있는 것은 아니다. 그러면 어떻게 그 새들은 위험으로부터 자신들을 보호할까? 흥미롭게도, 그들 중 몇몇은 그들의 다리를 사용한다. 키위 새는 빠르게 도망간다. 그것은 사람보다 더 빠르게 달릴 수 있다! 반면에, 에뮤는 공중으로 뛰어올라 공격자들을 차기 위해 그들의 다리를 이용한다.

구문해설

1행 However, **not every** bird can fly.
▶not every: 모두 …인 것은 아니다 (부분 부정)

2행 So how do those birds **protect** themselves **from** danger?
▶protect A from B: A를 B로부터 보호하다

3행 It can run **faster than** a human!
▶비교급+than …: …보다 더 ~한[하게]

문제해설

1 those birds가 보호하는 것은 자신들 스스로이므로, 재귀대명사 themselves가 와야 한다.

B 1. ④ 2. ④

해석 매년 새로운 단어들이 생성된다. 그러나 어떤 것들은 사전에 추가되고 다른 어떤 것들은 그렇지 않다. 그러면 사전 집필자들은 사전에 넣을 새로운 단어들을 어떻게 고르는 것일까? 먼저, 각기 다른 많은 사람들이 그 새 단어들을 사용해야 한다. 또한 그것들은 글과 대화에서 발견되어야만 한다. 만약 사람들이 그 새 단어들을 충분히 오랫동안 사용해왔다면, 그것들은 사전용으로 선정된다.

구문해설

1행 **Every** year, new words *are created*.
▶every+단수명사: 모든 …
▶are created: be동사+과거분사 (by 행위자가 생략된 수동태)

4행 Also, they **must be found** in writing and conversations.
▶조동사+be+과거분사 (조동사가 있는 수동태)

문제해설

1 새 단어가 어떠한 조건을 갖추었을 때 사전에 추가될 수 있는지에 대해서 설명하고 있는 글이다.

2 '어떤 것들은 … 다른 어떤 것들은 ~'은 some … others ~를 사용한다.

Actual Reading

pp. 106-107

01 **1.** ③ **2.** (A) one (B) the other
3. 해석의 별표(*)가 있는 문장 참고

해석 당신이 벌집을 보면, 그 안에는 보통 수많은 벌들이 있다. 그러나 하나는 가장 큰데, 그것이 여왕벌이다. 벌의 세계는 실제 왕국과 거의 똑같다. 여왕벌이 전체 벌집을 다스린다. 오직 그녀만 새끼를 가질 수 있다. *나머지 모든 벌들은 여왕과 그녀의 새끼들을 위해 일한다. 그들은 날아다니면서 벌집으로 먹이를 가지고 돌아온다.
벌집에는 보통 오직 한 마리의 여왕이 있다. *또 하나의 다른 여왕벌이 그곳에 나타나면, 예전 여왕벌은 그것을 좋아하지 않는다. 둘 다 여왕이 되고 싶어서 그들은 한 마리가 이기고 다른 한 마리가 죽거나 날아가 버릴 때까지 싸운다.

구문해설
2행 A bee's world is almost **the same as** a real kingdom.
▸the same as: …와 같은
8행 **Both** want to be the queen, ...
▸both: 둘 다 (복수 취급)

문제해설
1 벌들의 세계가 실제 왕국과 같으며, 여왕벌에 의해서 어떻게 통치되는지를 설명하고 있다.
① 벌들이 꿀을 만드는 방법
② 벌들이 함께 사는 이유
③ 여왕벌이 그녀의 왕국을 통치하는 방법
④ 벌들이 서로 의사소통하는 방법
⑤ 오직 여왕벌만이 새끼를 가지는 이유
2 둘 중 하나는 이기고 나머지 다른 하나는 죽거나 날아간다는 내용이므로, one … the other ~를 써야 한다.

02 **1.** ③ **2.** by yourself
3. 해석의 별표(*)가 있는 문장 참고

해석 만약 당신이 웃고 싶고 당신의 문제들에 대해서 잊고 싶다면, 친구들과 간지럼 태우기를 해보세요! 어떤 사람이 당신을 간지럽힐 때, 당신은 웃지 않을 수 없습니다.
유감스럽게도 당신 혼자서 간지럼 태우기를 하는 것은 불가능합니다. 왜 그럴까요? 그것은 당신의 뇌가 작동하는 방법 때문입니다. 뇌는 어떤 일이 일어날 것을 예상할 때, 강하게 반응하지 않습니다. *예를 들어, 당신이 스스로를 막 간지럽히려고 할 때, 당신의 뇌는 무엇이 일어날지를 이미 알고 있습니다. 그러므로 당신이 스스로를 간지럽혀도 소리내어 웃지는 않을 것입니다.
반면에 다른 사람이 당신을 간지럽힐 때, 그것은 당신의 뇌에 정말로 뜻밖의 일이 됩니다. 그것이 당신이 그렇게 크게 웃는 이유입니다. *따라서 만약 당신이 정말로 간지럼 태우기를 하고 싶다면, 당신은 다른 사람들의 도움이 필요합니다!

구문해설
2행 When someone tickles you, you **can't help laughing**.
▸can't help v-ing: …하지 않을 수 없다 (=cannot but laugh)
3행 It is because of the way **your brain works**.
▸선행사가 the way인 관계부사절 (관계부사 how 생략)
5행 For example, when you **are about to tickle** *yourself*, your brain already knows **what will happen**.
▸ be about to-v: 막 …하려고 하다
▸ yourself: 동작의 대상이 주어 자신일 때 사용하는 재귀대명사 (생략 불가)
▸ what은 접속사 역할을 하는 의문사로, what이 주어로서 바로 뒤에 동사 위치

문제해설
1 뇌가 이미 일어날 일을 알고 있기 때문에 간지럼을 태워도 크게 웃지 않는다는 흐름이 자연스러우므로 주어진 문장은 ③에 들어가야 한다.
2 '혼자서'라는 의미를 나타내려면 by oneself를 써야 한다.

Word Review

p. 108

1. 손님 **2.** 결국 **3.** 낭비하다 **4.** 신호 **5.** 피부 **6.** 짜증스러운 **7.** 중독 **8.** 기구, 도구; 악기 **9.** 제공하다 **10.** 기쁨, 즐거움 **11.** 날짜 **12.** (때가) 지나다 **13.** …에 따라 **14.** 흔한 **15.** 질 **16.** 안전하지 못한 **17.** 두꺼운 **18.** 탑 **19.** 증가하다; 증가[인상]시키다 **20.** 광부 **21.** 드물게, 좀처럼 …하지 않는 **22.** 알아차리다 **23.** 특색, 특징 **24.** 생물학자 **25.** 비교하다 **26.** 열 **27.** 표면 **28.** 오르다, 등반하다 **29.** 업적, 공적 **30.** 놀라운 **31.** 젊음, 청춘 **32.** 도전 **33.** 엎지르다, 쏟다 **34.** (발로) 차다 **35.** 대화 **36.** 통치하다, 지배하다 **37.** 의사소통을 하다 **38.** 간지럽히기; 간지럼을 태우다 **39.** 불행하게도, 유감스럽게도 **40.** 정말로, 참으로

열여섯 시간에 완성하는 중학 영어 단기 특강

열중 16강

독해+문법 LEVEL 2